U0032294

讓牌卡成為心靈的明鏡

Contents ⟫⟫ 目錄

6 　前言

8 　助人輔導工作的藝術媒材：心靈牌卡

chapter 01 如何開始

12 　如何使用本書

13 　如何開始選擇適合的牌卡

15 　如何認識手上的牌卡

18 　牌卡運用的四種途徑

20 　選牌或抽牌的運用

23 　圖像或文字的運用

chapter 02 常用牌卡簡介與運用

28 　常用牌卡簡介與運用

31 　人像卡與年輕人像卡的比較

33 　讀出光明，也讀出陰影

36 　OH 卡的兩則抽牌案例

39 　天使卡解讀的幾則分享

42 　圖像，無所不在 (以桌遊為例)

45 　療心卡案例分享

60 　Fun 心卡的運用

chapter 03 牌卡運用的輔導立場

68 　牌卡運用的輔導立場

72 　抽牌的時機與準確度

75 　另一種精準

78 　準與不準都是一種訊息

80 　抽牌為何會準的幾種說法

chapter 04 牌卡的自我運用

84　自我運用

84　自由書寫

86　心智圖

87　塗鴉創作

88　拼貼創作

chapter 05 一對一的運用

90　一對一的運用

91　運用的流程

93　一對一選牌

95　抽牌與牌陣

97　解牌與對話

98　療癒與祝福

100　家族排列的運用

101　問一個好問題

104　解牌前的等候

107　學習牌卡金三角

109　不同牌卡的投射作用

111　拓展與深化牌卡的訊息

114　個案的回應是抽牌的一種對照

116　抽牌的結果是心靈的一面魔鏡

118　牌卡與現實世界的對應

121　非自願性個案的牌卡運用

Contents >>> 目錄

chapter 06 小團體的運用

124　　小團體的運用

127　　自我介紹

128　　分享期待

129　　卡卡相印

130　　故事接龍一

132　　故事接龍二

134　　團體中的我

136　　人際互動與回饋

138　　在團體中的個別抽牌

140　　送禮物

141　　收祝福

chapter 07 塔羅牌的團體運用

144　　塔羅牌的團體運用

145　　自我介紹或分組

146　　主題分享

147　　故事接龍一

148　　故事接龍二

149　　團體中的角色

150　　選牌與抽牌

151　　牌組的個別運用

152　　人際互動或角色的探索

153　　牌陣的運用

154　　書寫、塗鴉或拼貼

chapter 08 班級課程的運用

156　班級課程的運用

158　美夢成真

160　家人關係圓舞曲

162　宗教的光明與陰暗

164　自我探索與人生意義

166　愛情故事三部曲

168　壓力面面觀

chapter 09 附錄

172　如何購買牌卡

172　療心卡小檔案

174　Fun 心卡小檔案

175　相關課程

176　各式牌卡簡介

chapter 10 開始你的玩法

前 言

接觸心靈牌卡至今，算一算，已經有十年的光陰。

尤其當自己離開學校輔導老師的職位，開始單飛，並設計創作了三套牌卡：「療心卡」、「Fun 心卡」、「Fun 心福卡」以及最新的「知心卡」，好像，跟這樣的藝術輔導媒材，就締結了難以割捨的緣分。

牌卡，成為我生活及工作中的一部份。於是，寫下一本實務運用的小書，好似也是自然的過程。

這本書，記錄著我如何在助人工作中使用心靈牌卡，以簡單的說明、實用的方式，搭配牌卡圖片，適合想要踏進牌卡世界的夥伴閱讀。

當然，如果已經是牌卡愛好者，也不妨參考書中的運用方式。尤其從一對一的會談，到小團體工作，甚至是班級的課程運用，相信對助人工作者而言，都是難得的分享。

重要的是，我們以什麼樣的立場來運用牌卡？在什麼樣的場合跟誰互動？若把牌卡視為心靈對話的工具，那麼，就可以發揮更大的創意與運用的自由，如同潛意識的智慧與寶藏。

所以，期待這本書，可供人閱讀了解外，更可以讓人直接操作，甚至藉此發展出自己的使用方式。

那麼，擁有這本書以外，你還需要一套牌卡，就可以開始在心靈的豐富世界中翱翔與探險。

祝福你，一路順風！

而我還會在牌卡的世界裡耕耘鋪路，繼續創作跟分享更多有趣的藝術助人媒材，期許更多人可以透過這些簡單的工具更認識自己，更懂得如何照見內在的風景，找到力量與方向。

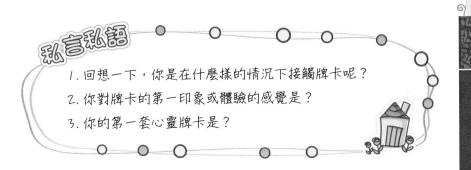

私言私語

1. 回想一下，你是在什麼樣的情況下接觸牌卡呢？

2. 你對牌卡的第一印象或體驗的感覺是？

3. 你的第一套心靈牌卡是？

助人輔導工作的藝術媒材：心靈牌卡

有機會去各級學校或社福機構分享心靈牌卡的輔導妙用，對我來說，有一種近似於傳教的熱情與喜悅。

畢竟自己曾經擔任過輔導老師、社工師，對學校的輔導工作或機構內的個案會談並不陌生，也能夠體會要協助現在的孩子或個案，其實，更需要一些非口語的方式與媒材。

針對這些根本沒什麼時間來輔導室的學生，或鮮少是自願來接受服務的個案，如何打破談話的僵局(倘若他不想說，或不知道怎麼說)，較迅速地建立彼此的關係，甚至可以談到重點，都是可以運用心靈牌卡達到的優勢。

無論是否使用個案較熟悉或至少聽過的塔羅牌，還是其他的心靈牌卡，這樣的工具，多半有鮮豔的圖像、簡單的文字牌義，多半就可以引發個案的好奇。

且當他願意為自己關心的事情抽牌，就會不自覺地開始跟助人者討論抽牌的結果，甚至希望助人者解牌或提供建議。

於是，心靈牌卡成為老師與學生、助人者與個案，甚至是家長與孩子、朋友跟朋友之間對話的平台，兩者可以透過共同的素材來溝通與分享。

有時候，無須直接針對來談者個人來探討，而是藉由牌卡來探索。

但有時候，也因為牌卡可以反映出抽卡者的心理狀態，也可以看得非常深入。

至少，這樣的媒材比較容易可以讓個案願意說說自己的事，也讓彼此的對話更加地豐富。

此外，運用心靈牌卡來進行會談，不見得需要很長的時間。

尤其在學校，可以利用午休或下課，提問、洗牌、抽牌、看牌解牌，就可以很快地針對主題來探索。

另一方面，即便是第一次會談的個案，也可以透過心靈牌卡，快速地建立關係與看見目前個案的狀態。

　　當然，前提是對方願意，故蓋牌抽牌的結果，很容易讓個案打開心防，更深入地探索。

　　倒不是強調心靈牌卡快速有效的好處，而是在當前的輔導助人工作環境中，這樣的優點，確實能夠引發個案的興趣，降低個案的防衛，協助助人者更有力地進行工作。

　　再者，也因為是個案自己抽牌，當抽到的牌卡讓他眼睛一亮、心頭一震時，解決之道往往也就伴隨著問題而來。也就是透過牌卡的會談，更容易觸發個案自身療癒的力量。

　　也許他會覺得是牌卡的指引，但在助人的工作場域中，工作者可以避免占卜的性質，而將牌卡視為輔導的工具，那麼，也就是個案自己從牌卡讀出了答案與方向。

　　無須助人者在一旁解讀，個案就可以透過這樣的歷程，發現自己的力量。

所以，我實在很樂意也期待跟不同的助人工作者們，分享這樣有趣又有用的輔導藝術媒材～心靈牌卡。

　　就算不是機構體制內的工作者，只要跟自我探索成長療癒有關的工作，或誇張地說，只要是跟人建立關係有關的工作，都可以透過心靈牌卡的趣味與奧妙，自助助人呢！

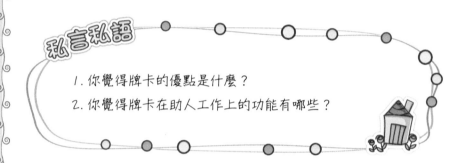

私言私語

1. 你覺得牌卡的優點是什麼？
2. 你覺得牌卡在助人工作上的功能有哪些？

Memo

chapter 01
如何開始

∽ 如何使用本書 ∽

這是一本分享心靈牌卡實務經驗運用的私房書。

所以,如果你是初學者,建議可以循序漸進地閱讀,從如何選擇第一套牌卡到如何自己使用,跟一個人或一群人,甚至到班級課程的操作,會讓你一步一步地獲得相關的知識與技巧。

如果你已經擁有幾套牌卡,也開始運用,那麼不妨從目錄中選擇你有興趣的章節。

如果你已經是牌卡愛好者,那麼,像抽牌一樣,隨意翻上一頁來閱讀吧!

重要的是,親手操作。

手中除了這本書,當然至少要有一套牌卡,就可以實際來研究跟運用。

也可以透過文章末了的提問來進行自我探索。

除了運用方式的分享,也記錄了我對心靈牌卡的種種看法。

因為,運用的方式其實是可以創造與設計的,但重點是背後的原因與理念。

也就是除了知道怎麼做,更可以知道為什麼這麼做。

這也促成了,我並不是特別以某一套牌卡為主,而是試圖介紹不同牌卡的特性與用法。

所以,好好玩吧!

也歡迎你回饋任何的心得、建議或疑問。

如何開始選擇適合的牌卡

隨著這幾年心靈牌卡越來越蓬勃的發展，市面上出現了各式各樣的牌卡，但究竟要如何選擇適合自己運用的呢？

若是自己要使用，簡單來講，可依目的跟主題來選擇。

比如說：若是為了占卜未來，當然，塔羅牌是首選。

若是為了自我探索，則可以運用無固定牌義的 Fun 心卡或 OH 卡系列等。

倘若是為了給自己鼓勵與指引，就可以選擇正向卡，如：Fun 心福卡、漣漪卡或天使卡系列。

另一種方式則是依照想要探索的主題來選擇。

若是想要探索各種關係，可以使用療心卡。

若是想要探索生涯發展，則可以運用生涯卡或夢想實踐卡。

重點是每一種牌卡原本就有其設計的主題，即便是 OH 卡系列，也都因應主題而發展出不同的圖像內容。

如果是助人工作者，想要進行個別或團體的輔導工作，則可以依照目標及對象來選擇適合的牌卡。

目標可包括輔導的主題，如：今天是要談人際關係，還是愛情、生涯或是自我認識，還是療癒的議題，都可以依此來選擇適合的牌卡。

當然，也包括團體設計的內容或個別談話的流程，預計如何使用牌卡來達到什麼樣的效果，都是選擇的依據。

而對象的狀況也會影響牌卡的使用。

包括：對象的年齡、對象的自我功能、團體成員的特質等等。

以正向卡為例，漣漪卡、Fun 心福卡可給兒童使用，但天使卡更適合較大年齡。

若是對象的認知功能較弱，則可選擇較簡單的圖像卡，而避開文字意義較複雜的牌卡。

若在帶領團體時，也可留意成員是認識或不認識，是為了什麼而來參加，這種種除了影響牌卡的選擇，其實也影響著要如何運用這些牌卡。

當然，一般人未必熟悉每一種牌卡，手邊也不見得有太多的選擇。

但若是在一開始購買時，可以先清楚自己的需求，就可以買到更適合的牌卡。

畢竟，每一種牌卡有其運用的時機、優點，自然也有其限制。

而對於初學者，我的建議是：先選一套自己喜歡的牌吧！

無論是喜歡她的圖案或是文字的內容，總之，先放開使用的目的，單純憑喜好來接觸。

畢竟有興趣，就會常用，就會持續探索。

以塔羅為例，有上百套的塔羅牌，每一種都有其不同的畫風跟主題，也就有不同的愛好欣賞者。

重要的是，買來後，一定要找機會練習運用。

先從自己開始，慢慢累積經驗後，再找朋友家人一起玩。

若是助人工作者，當然也可以透過課程的學習，更快速地熟悉一套牌卡，進而活用在平日的工作中。

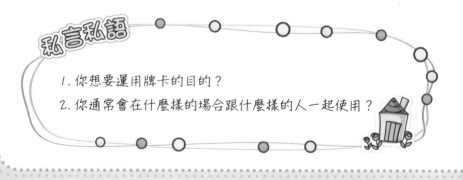

私言私語

1. 你想要運用牌卡的目的？

2. 你通常會在什麼樣的場合跟什麼樣的人一起使用？

如何認識手上的牌卡

　　如果你手邊有一套牌卡，到底如何界定這是一套什麼樣的牌卡，又該如何運用呢？

　　當然，大多的牌卡都會有牌卡的主題，甚至是一本說明手冊，增進使用者的認識。

　　但只要掌握幾項原則，就更容易踏入牌卡的豐富世界喔！

　　所以，拿一套牌卡來實驗，試著回答下列問題。

1. 這套牌有圖，還是有文字？還是兩者都有？
2. 如果圖文都有，是以圖像為主還是文字為主呢？
3. 這套牌的圖像跟文字是在牌的

同一面（正面背面）？還是不同面呢？

4. 這套牌的名稱，如何說明出這套牌的屬性呢？

以不同牌卡來回答上述問題，很快就會發現各種牌卡設計的功能特色，相對也就有其限制，更會直接影響使用的方式。

以 OH 卡系列為例，除了 OH 卡有字卡，其他都只有圖卡，也就是單純以圖像為主的牌卡。既然沒有文字，圖像的解讀就沒有一定的說法，就看每個人的投射聯想。

而生涯卡、哇卡系列，則是以文字為主，圖像並沒有太多的意義。所以使用的方式就需要了解文字的內容。

大部份的牌卡，則會同時具備圖像跟文字。

但重點就是，是先設計圖，還是先設計文字牌義。圖像是為了表達文字？還是文字是為了說明圖像？

以天使卡為例，圖像跟文字的創作者並不相同。也許可以這麼說，同一段文字也可以搭配不同的圖，所以，運用的重點比較會是文字牌義的部分。

但以療心卡來說，圖像的繪製是跟著文字牌義而創作的。所以文字跟圖像都可以加以運用。

而塔羅（傳統偉特牌），則是以圖像為主，且不同圖像有其象徵的意義，文字的部分只是為了說明這是哪一張牌。

至於圖像跟文字在牌卡的哪一面問題，以一般牌卡來說，通常會在同一面，而背面則都是一樣的圖案。所以，很適合抽牌的方式。

比較特別的像是漣漪卡或 Fun 心福卡,圖像跟文字在不同面。所以兩者都可以運用。但通常圖像那一面可以用選牌及抽牌的方式,而文字的那一面比較適合抽牌。

至於牌卡的名稱,當然是直接認識這套牌的線索。
你也可以仔細地去欣賞每一張牌的圖像跟文字,就會發現不同風格、不同文字的內容,其實還是會有運用上的差別。

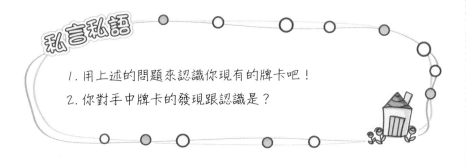

私言私語

1. 用上述的問題來認識你現有的牌卡吧!

2. 你對手中牌卡的發現跟認識是?

❧ 牌卡運用的四種途徑 ❧

手中有適合的心靈牌卡後，究竟可以如何運用呢？

簡單來說，可以有兩種範疇、四種途徑。

其一是牌卡運用的內容，其二是牌卡運用的方式。

以內容來說，可分為圖像或文字。

也就是說，可以選擇使用牌卡的圖像，也可以選擇使用牌卡的文字。最明顯的是漣漪卡跟 Fun 心福卡。由於其牌卡的設計，一面是單純的圖像，另一面則是以文字為主。

運用的時候，就可以考慮是要用圖像來連結，還是想要發揮正向語句的功能。

另一套 OH 卡和 Fun 心卡，雖然明顯地區分為圖卡跟字卡，但一般比較可能單獨使用圖卡，卻較少單獨使用字卡。

以方式來說，可分為選牌或抽牌。

選牌是看到每一張牌面的圖像，透過觀看者的意識來選擇及聯想。

抽牌是將每一張牌面往下蓋住，在不知道每一張是甚麼的情況下，抽牌。往往反映的是抽牌者潛意識的訊息。

以助人工作來說，由於可把牌卡視為圖像投射的媒材，就多了所謂選牌的方式。

否則一般通常會以抽牌的方式來進行。

以這兩種內容及方式，就可以演變為四種途徑。

其一是透過圖像來選牌，選牌時可設定較簡單的主題，此方式可作為暖身的活動，也可用來說故事。

其二是透過文字來選牌，但在實際運用中，以價值澄清的牌卡媒材為主。

其三是透過圖像來抽牌，主要是運用以圖像為主的牌卡。

其四是透過文字來抽牌，也就是牌義的重要性較圖像為優先的牌卡。

但一般的牌卡，通常會包括圖像及文字兩部分。

所以，要多了解這兩者在不同套牌卡上的運用原則。

以療心卡來說，雖是以牌義為主，但圖像相當程度可呼應此心理狀態，故可視對象來衡量比重。

以塔羅牌來說，每一張雖有其牌義，但一般人往往會受其圖像的吸引。

以 OH 卡來說，很明確地區分為圖卡及字卡，且可互相搭配。

以天使卡來說，一般會以牌義為主、圖像為輔。

所以，前提就還是要回到，運用的對象及目的。

在種種考量中，選擇最適合的運用方式及內容。

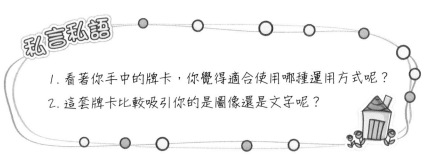

私言私語

1. 看著你手中的牌卡，你覺得適合使用哪種運用方式呢？

2. 這套牌卡比較吸引你的是圖像還是文字呢？

選牌或抽牌的運用

在使用各式心靈牌卡時，通常我們都會以蓋牌的方式來洗牌跟抽牌。

也就是將有圖像牌義的那一面朝下，在抽牌者看不到每一張不同圖像的情況下，洗牌，推開成扇型，再抽牌。

正因為抽牌者看不到每一張牌卡，無從憑藉著自己的意識想法或喜好來選擇。

卻也因此，當抽牌者帶著尋找解決之道的渴望，懷抱著探索自我的興趣，在不受干擾的空間下，就可以在看不見牌義的狀況下，抽到最適合自己目前心靈狀態的牌卡。

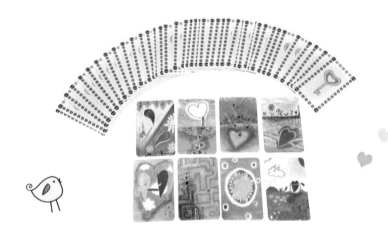

也許有時候抽牌的結果符合自己原先的設想，也許有時候是出人意料的解讀，但必然都可以反映抽牌者心靈的樣貌。

正因為這樣蓋牌抽牌的歷程，讓人不禁驚嘆於使用牌卡的有趣與神準。

如同我之前在帶領 OH 卡的教學工作坊時，請成員以畫圖跟書寫的方式創造一張自己的 OH 卡，並搭配療心卡的抽牌。

主要是為了讓成員體驗，有牌義跟沒有固定牌義的牌卡之間的差別。

有趣的是，很多時候當成員書寫出字卡的意義，再抽出一張療心卡時，往往都抽到相似的內容。

例如有人寫放鬆，結果居然就抽到「放鬆」這一張牌卡。

而抽牌看牌時，自然是驚嘆連連。

這是蓋牌抽牌的趣味與奧妙。

就是在看不到牌義的情況下，彷彿你的心靈之眼，透過你的手，為你抽出最適合的牌卡。

為了達到這樣的歷程，倘若有些牌卡的背面並非統一的圖案，例如：漣漪卡的牌義背面其實就是一張張的圖像，這時可以請抽牌者閉上自己的眼睛，抽牌，避免多種顏色或圖形的影響。

但除了蓋牌抽牌，其實也可以用不蓋牌，即所謂選牌的方式來使用牌卡。

例如，以 Fun 心福卡來說，我其實會單獨使用有圖像的那一面，設定一個主題，讓成員看著每一張圖卡，自由拿取。

這時候，所使用的就是牌卡的圖像，而非牌義，且讓成員透過自我的意識與喜好來選擇。

就像欣賞藝術的展覽，逛過一圈後，選出自己最喜歡或最有感覺的作品。

透過這樣的歷程，一樣可以分享與探索。

尤其當面對一個有所防衛，或對抽牌沒什麼興趣，或不太知道如何表達自己的人，其實就可以讓他把牌卡當作一種媒材，選出幾張符合自己目前狀況的牌卡。

透過他所選擇的牌卡，以及了解他為何這樣選擇，就可以協助他探索心靈的風景。

但不建議使用太多張圖卡，以免造成困惑混亂。

所以，選牌與抽牌，各有各的特色與功能，就看使用的時機與對象囉！

私言私語

1. 選一套手邊的牌卡，為自己設定一個問題。

2. 分別用選牌跟抽牌的方式來發現答案。

3. 透過這個體驗，你覺得選牌跟抽牌有什麼不同呢？

Memo

圖像或文字的運用

大部分的牌卡都會有圖像跟文字(牌義)兩者的設計,但究竟是以牌義為主,還是以圖像為主,或兩者該如何相輔相成,就要看每一種牌卡的特色與功能。

以牌義來說,有些牌面上的文字較為簡潔,這時就可以搭配圖像的連結,拓展對牌義的認識。

有些牌面上的文字說明敘述較長,如天使卡,這時就會以文字的探索為主,而圖像則是加強其印象。

但也有以圖像為重的牌卡,如各式各樣的塔羅牌。即便有其牌義(且同一張不只有一個意思),塔羅牌的圖像可說是相當豐富,且不同繪者自成多元的風格。這時可以將圖像與牌義搭配,無論是從牌義入手,或藉由圖像來連結牌義,都是探索心靈的途徑。

而 OH 卡也算是一種以圖像為主的牌卡,可以單獨使用其各式各樣的圖卡,也可以搭配字卡,自由地聯想,投射出內心的風貌。

但,當圖像與文字搭配時,有所落差或對比,好似不太相干或完全相反時,又該如何回應與解牌呢?這樣的狀況,通常會出現在 OH 卡或某些圖像風格強烈的塔羅牌。

以我最近的抽牌經驗為例。

我使用 VOYAGER TAROT(領航者塔羅牌),想要看看報名某課程的狀況。

結果抽到了聖杯六,牌義是 sorrow 悲傷。

由於 VOYAGER TAROT 是一套圖像非常突出的牌卡,我一開始並沒有留意牌義,而是先看圖像。

第一眼覺得圖像很美麗,有花朵從容器中綻放而下,像是要去散播與分享。讓我對於上課多了一份期待。

但仔細看牌義，居然是悲傷耶！難道代表我不適合去上課嗎？如果以牌義文字來看，似乎代表著傷心事。

　　但以圖像來看，對我來說，並不是帶來悲傷感覺的圖案與色彩。若以我的第一個直覺與心理的感受，是舒坦歡喜的，但對應牌義，又浮現出另一種疑問。

　　這時候究竟是以文字為主？還是以圖像為主呢？

　　若以一般的解牌流程，自然會以牌義為主。但如果是為了自我探索而非仰賴牌卡的答案，此時反倒是一個可以深入內心的機會。

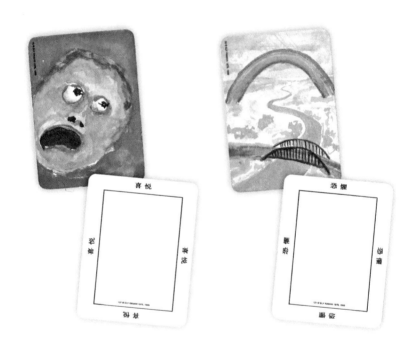

　　以 OH 卡為例，就更清楚了。

　　左上角的圖卡的圖像好似一張驚嚇的人臉，但配上的字卡卻是「喜悅」。右邊的圖卡是彩虹的自然風景，搭配的字卡卻是「恐懼」。

這樣的圖像搭配這樣的文字，與一般的經驗較為不同，甚至有極大的落差。

倘若抽到這樣的圖卡與字卡，又該如何詮釋呢？

以 OH 卡來說，我會建議先從圖卡開始探索，畢竟圖像的內涵更為豐富，也更容易引發多樣的聯想。

倘若一開始以看起來較為負向的字卡入手，抽卡者多半會感到沮喪。

先探索圖像帶給自己的感覺，再搭配字卡。也或者圖跟字分開來，看看哪個部分會帶來更多的想法。

而當圖像與文字有所落差時，無論抽卡者有什麼感覺或想法，其實都是探索的起點。

也許是疑惑，也許是不喜歡的感覺，也許是擔憂，無論是什麼，重要的並非所謂正確的解牌，而是透過牌卡，一一去檢視自己的狀態。

有時候正因為落差與對比，帶給我們意外的衝擊或領悟，更能夠協助我們探索自己未曾發現的領域。

記得，要留意抽牌者看牌後的第一個直覺、想法或感受，無論看起來多麼奇怪或不合邏輯。因為這往往是助人的契機，以及協助個案探索潛意識的開始。

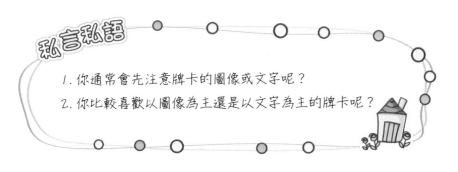

私言私語

1. 你通常會先注意牌卡的圖像或文字呢？

2. 你比較喜歡以圖像為主還是以文字為主的牌卡呢？

chapter 02
常用牌卡簡介與運用

常用牌卡簡介與運用

　　目前市面上的心靈牌卡著實越來越多，無論是國內的本土創作或是國外的進口牌卡。

　　但以我的經驗來說，手邊累積了百套的牌卡，到最後，比較是蒐藏而不見得會運用。也就是，常用的牌卡大半還是那幾套。另一方面，也是從實務工作的經驗中發現，相較於其他牌卡，有些牌卡確實比較好用。

　　當然，每個人的喜好不同。如果有一套喜歡的牌卡，因為興趣，也就較有動力運用及鑽研，自然也會常用。

　　不過有一個領悟是，對助人者好用的牌卡，對個案而言卻不見得好用。

　　我常在研習課程的現場開玩笑地說：因為在座學習的成員都是高功能的成人，任何一套牌卡都可以玩出她的趣味。

但實際在協助有困難的個案，尤其又因為個案的年齡跟認知程度的不同時，就不見得什麼牌卡都好用跟適用。

所以，本書介紹的常用牌卡，是我在工作中覺得較具代表性也好用的。

另外，國內其他老師自行創作的牌卡，就不特別介紹，相信讀者都有機會可以聽到本尊的分享。我自然也會以自己創作的三套牌卡：療心卡、Fun 心卡跟 Fun 心福卡來做說明。

以下簡單地區分牌卡的類別。

一、投射卡：以 OH 卡系列、Fun 心卡跟 Dixit（說書人）為例。

這些牌卡都是以圖像為主，且圖像並沒有正確固定的解釋說明，所以需要觀看者自行投射出內在的想法與感受。

而 OH 卡系列中，除了 OH 卡外，我也很推薦年輕人像卡（Personita）跟人像卡（Persona）。

比較特別的是 OH 卡跟 Fun 心卡，除了圖卡外，還有字卡的外框，可以讓圖卡搭配字卡，帶出另一種趣味與解讀。

二、主題卡：以療心卡跟塔羅牌為例。

所謂的主題卡，我的界定是，這樣的牌卡有其跟主題相關的牌義，且並非每一張都是正向含義的牌卡。

以療心卡來說，牌義以心理狀態為主，又區分為問題的陰影組跟答案的滋養組。

而塔羅，以其豐富的圖像跟獨特的牌義來說，可說是最難學習的牌卡，卻也是歷史最為悠久，影響最為深遠的工具。當然，本書主要是把塔羅作為自我探索的媒材，而非以占卜為目的。所以，運用的方法也就不同。

市面上，還有很多的主題卡，如：生涯卡、哇卡、珍愛卡、阿寶卡等等，可再參考書末介紹。

三、正向卡：以天使卡、漣漪卡跟 Fun 心福卡為例。

所謂的正向卡就是每一張牌卡的含義都是正向的。即便抽牌，也不會抽到不好的訊息。算是容易入門的牌卡。

但光是這幾套，依舊有所不同。

國內出版的天使卡也有很多套，若以一般人的適用度來說，我推薦守護天使指引卡、神奇精靈指引卡跟神奇美人魚與海豚指引卡（此套中文版剛絕版，有外文版）。

而漣漪卡也分為綠色版跟橘色版，兩者的圖像跟牌義不同，我比較推薦綠版的漣漪卡。

還有另一種是療癒卡，也就是牌卡的內文可以對應某些療癒的工具，如：花精、水晶等，跟主題卡與正向卡又有所不同，但在本書中就不多介紹，因為這類牌卡的使用最好再跟其對應的工具搭配，效果更好。

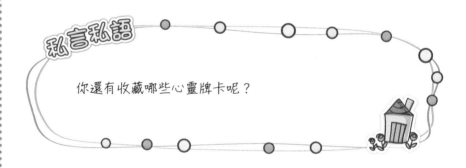

私言私語

你還有收藏哪些心靈牌卡呢？

人像卡與年輕人像卡的比較

人像卡（Persona）與年輕人像卡（Personita）都是 OH 卡系列的圖卡。

這兩者有相似之處，但也有一些不同。相似的地方在於，兩套都是以人像為主題的圖卡。

所以，每一張人像卡就是一張張不同種族、性別、年齡、特質的臉。

既然是人像卡，其實就是很適合用來探索自我與人際的關係。

甚至以助人工作者的角度來運用，算是比 OH 卡更為簡單及更容易上手的入門選擇。

而兩者究竟有什麼不同呢？

顧名思義，年輕人像卡的人像圖，是從小寶寶一直到青年的圖像，就是比較年輕的人像。

而人像卡，則是從年紀小的到年紀大的人像都有。圖像的張力更大，且會有看似角色的人像。

再者，兩套卡都還搭配另一種圖卡。

年輕人像卡是搭配 44 張的情況卡。

情況卡的圖像是以人的身體姿態為圖，

圖片中出現的人數不一。

而人像卡則是搭配 33 張的互動卡。

互動卡是以不同的圓圈及彼此之間的線條來呈現，很像家庭圖的關係繪製。

而在運用上，兩套人像卡的操作是相似的。

重點是因為年輕人的臉及不同年齡角色的臉，自然會帶出不同的感覺。

而情況卡與互動卡，固然都是為了顯示人際關係之間的互動，但因為圖像的表達方式不同，深入探索的方向也會有所差別。

如果手邊有預算的問題，會建議先購買「年輕人像卡」。
其所繪製的圖像，比較討喜。情況卡的解讀也比較具體明顯。

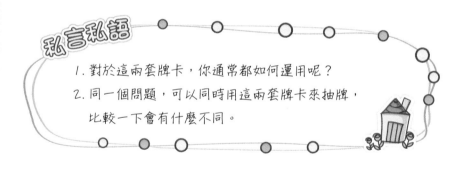

私言私語

1. 對於這兩套牌卡，你通常都如何運用呢？

2. 同一個問題，可以同時用這兩套牌卡來抽牌，
   比較一下會有什麼不同。

Memo

讀出光明，也讀出陰影

如果要選擇一套牌卡做為認識自我、探索自我的工具，那麼，OH 卡可以說是熱門的選擇。因為這套卡片的設計，完全是看抽卡者的個人詮釋與解讀，沒有固定正確的牌義，可以真實地投射反映個人心理的狀態。

所以不需要了解所謂的牌義，只要熟悉 OH 卡的玩法，就可以與自己對話。

相較於塔羅牌等有既定牌義的牌卡，OH 卡的解讀流程其實更為個人，更能看出讀卡者的心路歷程。

簡單介紹這套卡，OH 卡的基本款是由 88 張字卡（有中文版）及 88 張圖卡所組成。另外有十多套都是不同風格的圖卡，所以原則上還是需要字卡的這一套來做搭配運用。

可以先抽圖卡，再抽字卡，將圖卡放在字卡的空白框框裡，就成為一張有圖像跟文字的牌卡，但怎麼解釋，每個人因時因地因事，都可以有不同的答案。

你可以先看圖卡，看看這張圖片到底在畫甚麼。再想想看，這樣的圖像又會令你聯想到甚麼。接著，把圖卡放進字卡，當這張圖搭配文字，又會令你有甚麼想法或感受。

請憑著直覺與第一個念頭或心裡的觸動，不需要擔心正確與否的問題。

通常，會有驚訝、神奇，不自覺發出 oh 的了然或讚嘆！

至於解讀的方式，可以自己默想、說出來或者寫下來。當然，與別人分享也是很不錯的經驗。主要是讓心裡的感動有一個表達呈現的管道，才會有接下來的啟發與行動。

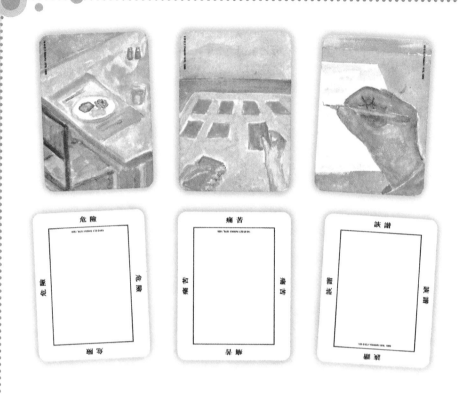

關於讀卡，我特別想要分享一點。

有些人可能看到某些圖片或字義，第一印象總覺得是負面的訊息，例如抽到字卡的「痛苦」、「危險」、「混亂」、「丟臉」等。或者看到比較陰暗的畫面，似乎覺得不太友善。

但當圖卡與字卡搭配，其實可以有更多詮釋的自由。

也就是說，在沒有固定牌義的情況下，所謂的光明可能有其陰暗面，所謂的痛苦也可以帶來祝福。

我們不妨做一個練習，練習在同樣一張牌卡上，看出問題，也看出解答。

以畫面上的三套圖卡為例。

第一套是一張食物的圖搭配「危險」的字，換個方式說：狼吞

虎嘯是危險的。所以可以提醒自己，放慢腳步。那麼，危險就不再是可怕的，而是一種轉機。

第二套像是一張在發牌的圖搭配「痛苦」的字，我們可以這麼說：被別人決定結果是痛苦的。所以無論一開始問甚麼問題，不代表就是痛苦的結局。

第三套像是在寫字的圖搭配「詼諧」的字，光明面是享受寫作的樂趣，陰暗面是當書寫變成例行公事，就失去動力。

也就是除了探索直覺，也不妨練習多元的解讀角度。

當同時可以看見光明，也可以看見陰影，就更明白，沒有絕對的好壞。

牌卡就更能如實地反映我們心靈的流動。

當然，你也不妨參考 Fun 心卡，如同 OH 卡的架構。但圖像更為可愛，把心擬人化作為主題，更適合兒童或青少年。字卡的部分則在每一張字卡上都有相對應的兩種牌義，也可以打破 OH 卡的某些字卡較為負向的印象。

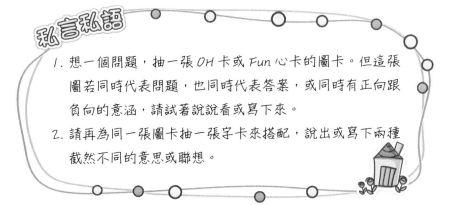

私言私語

1. 想一個問題，抽一張 OH 卡或 Fun 心卡的圖卡。但這張圖若同時代表問題，也同時代表答案，或同時有正向跟負向的意涵，請試著說說看或寫下來。

2. 請再為同一張圖卡抽一張字卡來搭配，說出或寫下兩種截然不同的意思或聯想。

OH 卡的兩則抽牌案例

且分享兩則 OH 卡抽卡的案例。

當同時抽圖卡搭配字卡時，可能會出現幾種情形。
一種就是圖卡配上字卡，非常合宜。
例如：柔和的太陽圖卡配上「喜悅」的字卡。
一人獨坐牆角的圖卡配上「痛苦」的字卡。
另一種則是圖卡配上字卡，呈現對比反差的感覺。
以上述為例，若是太陽圖卡配上「痛苦」，孤獨一人配上「喜悅」，就跟一般人的印象不同。
但有時候，對比式的圖卡與字卡，其實有更深刻的意義。

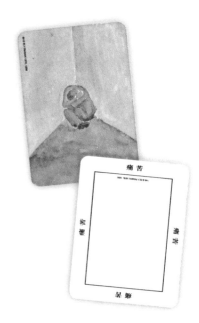

以一則抽卡為例。

來談者困擾的是人際關係，總覺得與同學的相處格格不入，卻又渴望相知相惜。

而所抽到的圖卡是雙人擁抱，字卡卻是「陌生人」。

乍看之下，落差極大，卻正代表著個案的心理狀態。

渴望與人靠近，彼此的關係卻又像是陌生人。

再者，可能有另一種反差，卻同樣反映更深層的內在樣貌。

一位個案談與父親的關係。

我請她各抽三張圖卡與字卡。

其中有兩組的搭配如圖。

一張像父子的圖卡搭配「家」的字卡。

一張像母子的圖卡搭配「父親」的字卡。

我問她：需不需要換卡，即把自己認為需更動的圖卡配上更對應的字卡。

從圖卡來看，一般人不免會認為兩張圖卡也許交換字卡會更合適。

而她並不想換。

這很有趣，因此我繼續詢問她的看法。

原來，不更動的原因是：她與父親的關係其實更像母子，也就是爸爸不像是爸爸，反而需要她的照顧。

透過這樣的抽卡搭配，可以更精確地反映出父女關係的狀態。

所以即便圖卡配上字卡，剛開始找不到連結的線索，在一番探究後，卻別有一番意義。

說實在，由於 OH 卡沒有固定正確的牌義，算是最需要「牽拖」的一套牌卡了。

有時候，很容易就找到連結的路徑。

有時候，則需要經歷一段探索的過程。

而越是這樣，越需要工作者抱持開放的態度，營造放鬆的情境，支持個案踏出第一步，相信失落的心靈一角會慢慢找到自己的位置。

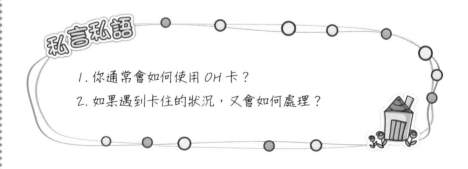

私言私語

1. 你通常會如何使用 OH 卡？

2. 如果遇到卡住的狀況，又會如何處理？

天使卡解讀的幾則分享

　　對我來說，每一種心靈牌卡的設計都不太相同。也由於各種牌卡的特色，相對地就會有不同的學習方式、運用方法以及限制。

　　每當學習一套新的心靈牌卡，不妨暫時把過去的經驗放在一旁，以一種嶄新的視野與好奇的角度來探索。也許學到最後可以融會貫通，加以整合，但寧可在一開始的時候先學會分辨彼此的不同。

　　一旦了解心靈牌卡的基本原理，澄清自己的心態及使用的目的，就可以視問題及情境，在不同的牌卡當中找到最適合的工具與玩法。

　　以天使卡系列來說，相較於其他問問題的牌卡，我個人倒是將她歸類在正向卡當中，也比較喜歡做為個別相談或團體工作結束時的祝福。

　　因為每一張都是正面的指引或建議，雖然手冊上面的用法介紹有一種三張牌的解讀，其實就是類似塔羅的牌陣，從過去、現在到未來，但我總覺得這樣的解法，在牌義都是正向的情況下，不免會有卡住或牽強的感覺。

　　究竟是我過去已經得到這樣的祝福還是過去缺乏這樣的指引？未來只要憑著第三張牌義的祝福就可以一路順遂？又如何連結現在到未來的建議呢？

　　所以我通常會使用其他更適合的主題卡片，而把天使卡或其他的正向卡當作結尾的禮物。(若是運用天使療法，自然還是以天使卡為首選)

富足 *Shower of Abundance*

婚禮 *Wedding*

白日夢 *Daydream*

　　不過也發生過幾則有趣的案例。

　　以守護天使卡來說，其一是成員抽到「富足：若要改善你的財務狀況，首先要將你對金錢的擔憂交託給我們，我們會指示你要如何創造與接受財富。當我們一起努力時，你的經濟狀況就會依據你允許的速度改善。」

　　成員的反應是：抽到這張代表自己的錢不夠。

　　我覺得他的回應很有趣。

　　以助人的角度來說，這就說明了個案的狀態，也是更可以去介入的契機。

　　其二是當成員抽到「婚禮：婚姻是兩個靈魂在愛、互相尊重與承諾下的結合，它代表著日益增進愛的渴望。你的成婚之日見證了你對愛的力量擁有堅定的信念，繼續將生命力注入到此信念與愛中，我的摯愛。」

　　有些成員已經結婚，或者未婚者的第一個反應是：難道我要結婚了嗎？

　　解讀方式當然不是只有按照字面的意思。若從這張牌對個人的意義來說，我會從婚姻的核心概念來詮釋：甚麼樣的關係會從戀愛

到願意付出承諾？你需要對誰許下承諾？

其三則是「白日夢：如果你經常作白日夢，你會比較容易聆聽與接收到我們的訊息。放鬆，敞開心胸接受，無須控制你的意念，只要留意任何的感覺、畫面或是念頭，就像在觀賞一部電影。這就是創意所在。」

很多人抽到這張的反應大多是：作白日夢不是不太好嗎？我有常作白日夢嗎？

牌義的解釋其實已經很清楚，也很正面，但我們還是不自覺地會以自己的習慣來反應。

我只是簡單地記錄這些抽卡的回應，其實每一次的相談與接觸都需要來回對話的歷程。

因為對我來說，牌卡的運用並非只是一味地解釋牌義，而是如何讓牌卡成為我與對方在心靈世界裡相遇的管道及溝通的語言。

畢竟無論是哪一種牌卡，都會受到抽卡者與解卡者詮釋的影響。

每一種牌卡固然有她的用法及意義，換個角度來看，真正要探索的其實是每個人奧妙的心靈世界。

除了懂得運用這項工具之外，若能夠對人的心靈有更多的認識，對自我的直覺有更多的開發，對語言及圖像有更深的敏銳與掌握，發揮的功能與效果自然就大不相同了。

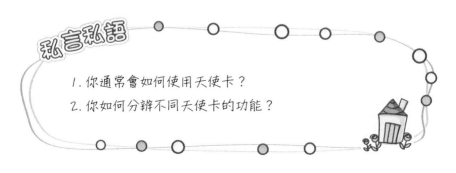

私言私語

1. 你通常會如何使用天使卡？
2. 你如何分辨不同天使卡的功能？

圖像，無所不在（以桌遊為例）

　　喜歡心靈牌卡，其實有一個個人的理由是：喜歡每種牌卡不同風格的圖像。

　　蒐集到最後，就像在蒐藏一張張的藝術創作。

　　而圖像，是更靠近心靈的語言。

　　除了特別製作為占卜或自我探索、心靈成長用途的牌卡，其實，圖像，無所不在，隨處可得。

　　無論是明信片、卡片、照片，無論是手繪創作或是實體拍攝，生活中的各種人事物，都是圖像，都有故事。

　　最近在工作坊及研習中，即用了一套另類的圖卡。

　　她的真正身分是桌上遊戲的一款。

　　名為「Dixit」（說書人）的這款桌遊，以其遊戲的方式來運用，確實非常地有趣，也可以是增進成員彼此了解的管道。

　　由於其圖像的風格似繪本風，且每一張都像是有故事般，所以，也很適合當作心靈牌卡來使用。

　　可以做為一種自由聯想、投射、隱喻的媒材。

　　可以做為簡單的暖身分享，也可以成為主題的探索或在問題之下抽牌。

　　很有趣的是，如果連續抽幾張，這幾張可以成為一則有脈絡的故事。

如果只是想當作輔導的工具，可以只要購買「Dixit2」(也就是原始版本的擴充卡)，一樣有84張繪本風的圖卡，就不會有遊戲盒跟相關工具。

分享一種抽卡方式，以一個主題為探索的內容，再以下面的幾個問題，依序抽卡。

第一張是：發生甚麼事？

第二張是：我的狀態，我怎麼了？

第三張是：有甚麼可以幫助我？

第四張是：如果我得到幫助，會有甚麼結果？

這也類似一種牌陣的玩法，不同的是，並非把焦點放在問題，而是透過圖像的力量，以一種說故事的歷程，找到不同的可能性與應對的方式。

如同OH卡沒有固定正確的牌義，Dixit的圖也沒有標準的說法。

但因為其風格，圖卡的內容又比OH卡日常生活的畫面，更有故事性。

當然，可能也需要更多連結的能力。

總之，這也可以成為一種心靈牌卡。

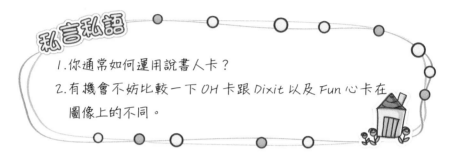

私言私語

1.你通常如何運用說書人卡？

2.有機會不妨比較一下 OH 卡跟 Dixit 以及 Fun 心卡在圖像上的不同。

療心卡案例分享

其一

一個母親想探索與孩子的關係。

因為孩子在身心方面有一些狀況，格外需要母親的照料。

當事者洗牌後，在攤成扇型的牌卡中，於不同位置，依序抽取三張牌。

分別是：「急躁」、「停滯」、「枯竭」。

除了很呼應這個問題，這三張牌還是連號的牌卡。

牌一打開，母親的心開了，眼淚也流了下來。

以這樣的抽牌歷程，即便尚未開始分享交談，卻已經可以直接又深入地反應抽牌者的內心世界。相對地，也容易開啟更深入的陪伴。

另一個例子也是一位家長在探索與孩子的關係。

一開始以這個主題，洗牌抽三張。

其中，他最有感覺的是「優先順序」這一張，也討論出在親子互動中，什麼才是他更看重的。

由於有一張陰影的空白牌，又礙於是解牌的示範，時間有限，我便大膽地請他為他的孩子再抽三張。

一般來說，並不鼓勵為他人抽牌。但我發現，若是親近的家人，倒也可以試著探索看看。

有趣的是，洗牌抽牌後，三張牌當中，又出現了這張「優先順序」，且出現了另一張「滋養組」的空白牌。

光是這樣的抽牌歷程，就讓大家覺得：真是太神奇了！

也讓當事者更有興趣去探索自己與孩子的關係。

畢竟兩次洗牌抽牌，居然又抽到同一張牌，這機率總是不高的。

而在療心卡的運用中，空白牌的出現，往往也很有意思。

印象最深刻的是一位神職人員，第一次接觸牌卡，就分別抽到「陰影組」跟「滋養組」的空白牌。

42 張牌卡中，居然就抽到唯一的兩張空白牌。

或許以宗教的立場，並不認同牌卡的占卜。

但以輔導工作來說，這種抽牌的體驗，或許可以打開另一種認識心靈的可能性。

所以，除了投射，我更在抽牌的歷程中，體驗心靈的奧妙與其看不見的力量。

並非是牌卡有什麼靈驗，而是看到每個人心中，都有想要突破與幸福的渴望。

我們的心知道答案。

而當你願意體驗，牌卡就成為心靈的信差與愛的橋樑！

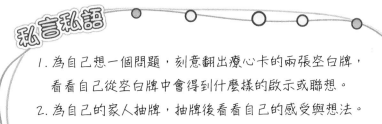

私言私語

1. 為自己想一個問題，刻意翻出療心卡的兩張空白牌，看看自己從空白牌中會得到什麼樣的啟示或聯想。

2. 為自己的家人抽牌，抽牌後看看自己的感受與想法。

3. 接著，找一個機會跟家人分享你所抽的牌。可以的話，也請他為自己抽牌。兩者對照，分享你們的發現。

其二

　　這則案例是關於運用療心卡的滋養組來進行願望的分享。
　　在這個主題下抽牌，籤王應該就是「美夢成真」這張牌了。
　　但倘若分享心願，卻抽到「放下」這一張，又是什麼意思呢？

　　有一位成員提到其心願是關於孩子的讀書態度。
　　卻抽到「放下」這一張。
　　很棒的是，這位媽媽在分享時有不同的覺察。
　　她發現：她對孩
子的成績有所期待及
要求，卻容易造成親
子關係的緊張。
　　所以，這張「放
下」剛好提醒她：
不要太在意孩子的課
業，而是要更重視彼
此的關係。

　　這樣的抽牌與解牌，其實隱含著：有時候抽牌的結果可以幫助
我們修正問題，甚至提供一個更適切的解決之道。
　　原本我們以為問題應該是這樣或期待答案可能是什麼，但當抽
到不太一樣的牌卡時，如果我們願意好好地探索，很可能就會找到
意想不到的答案。

　　如同上面的例子。
　　雖然為人父母不免期望孩子有好的表現，但當期望成為壓力，
不免影響彼此的關係。這時如果可以放下過度的期待，反而會讓彼
此有更多的空間。

所以，放下心願不見得是不好的結果呢！

再者，有一位成員在分享最近的困擾時，抽到療心卡的「優先順序」這一張。

他覺得很準，且自己的解讀是：我要清楚在爸爸跟哥哥的問題上，怎麼安排優先順序。

雖然我們沒有太多時間進行較深入的談話，但我對這一張及他的解讀有不同的看法。

以他的立場來說，當家人有難時，自己當然會挺身相助。

但當我從家族排列的觀點來看他的困擾時，我倒覺得「優先順序」是在提醒他：他是小的，爸爸跟哥哥的序位是比他優先的。

倘若他要試圖解決爸爸或哥哥的問題，不見得會得到他期望的結果。

當然，這其實就牽涉到如何解牌。

至少在使用療心卡時，可以有好多種不同的解牌方向。

重點是你對人為何會改變、什麼才是療癒之道的見解與經驗，會影響解牌的方式。

也許在乍聽上述成員的分享時，會認同他所說的優先順序，是要決定如何幫助爸爸及哥哥。

在解牌時，即使我有不同的看法，我並不會跟他爭論他所認為的牌卡含意。

正因為他所看到及連結的，可以幫助我瞭解他的世界及他何以會感到困擾。

但身為助人者，更需要練習與發展的就是：如何超越個案的問題，看到解決的方向。

所以，在這個案例中，我會特別看到家族排列的觀點與影響，

而將「優先順序」這張牌解讀為他與爸爸、哥哥三人之間序位的錯置。

　　我並不在意所謂正確的解牌（即將牌義說得很精準，卻不見得可以連結到對方的心），因為對我來說，牌卡是助人的工具，重點是協助對方。

　　所以，解牌的歷程是雙方的交流與互動。

　　真正的答案其實都在對方身上。

私言私語

1. 為自己想一個目標或願望，從療心卡的滋養組抽一張牌，代表自己要如何透過這張牌來完成心願。寫下自己的聯想。

2. 打開療心卡的每一張牌，試著說出每一張牌給你的感覺與你想到的任何解釋或說法。

其三

　　在研習中，聽到幾則關於輔導老師運用療心卡的分享，總是一起感染那份喜悅與奇妙！

　　其一是原本已經跟一位不多話的學生進行過一次的會談，

是一位國三的女生，轉介的主題是母女的溝通與生涯的選擇。

　　女學生的話很少，於是，第二次，輔導老師運用療心卡。

　　學生抽了三張牌 (兩組混合)，其中一張是陰影組的空白牌。

　　當牌一打開，學生居然不自覺地開始說起自己與母親的衝突。

　　老師回饋：透過療心卡，學生真的比較可以表達想法跟感受。

　　其二是有一名學生，在面對升學考試的主題時，抽到一張「自卑」(兩組混合)。

　　雖然是「陰影組」的牌卡，學生倒是分享自己確實在成績上的表現不佳，而有自卑的感覺。

　　但也透過輔導的歷程，願意去調整。

　　於是第二次，學生主動說要抽療心卡，結果還是抽到「自卑」這一張。

　　孩子並沒有因此退縮，反而再接再厲。

　　第三次談話，還是想抽牌，一樣又抽到「自卑」。

　　也就是連續三週，都抽到同一張牌卡，讓學生直呼神奇。

　　當然，這一張表面上看起來似乎是不好的牌，卻反而激發了孩子前進改變的動力。

其三是一名國中女學生談到跟男朋友的溝通問題，總覺得男朋友不了解她所說的。男朋友則覺得女學生想太多。

結果兩組分開各抽一張，剛好都抽到空白牌。

當然，空白牌可以有很多不同的解釋，但似乎也讓學生看見，溝通的問題可能是來自男女本身這個年齡成熟度上的差異，也看見自己可以重新調整對兩人互動的期待。

說實在，抽牌很神奇，而怎麼解牌，則又是太有趣的歷程了！

記得，每一張療心卡的牌卡都像一把心靈的鑰匙，可以打開不同人跟不同問題的不同面向。

所以，不會只有單一或固定的解釋。

但正是透過抽牌的歷程，可以看見內在的樣貌，可以與自己的心靈好好地對話。

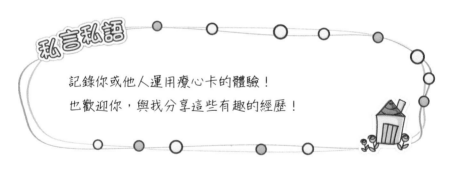

私言私語

記錄你或他人運用療心卡的體驗！
也歡迎你，與我分享這些有趣的經歷！

其四

　　當初設計療心卡有一個心願，除了作為助人工作者的輔導媒材，也很希望可以成為一般人探索自我的工具。

　　也就是就算沒有具備太多的輔導知能，一樣可以使用療心卡。

　　因為，療心卡的運用，可深可淺。

　　而除了收到老師們運用的回饋，最近與小學的家長們分享療心卡，也得到許多的回應。

　　一位媽媽寫到：「今天晚上和正讀高一並且住校的兒子好好聊了一番，正在即將臉紅脖粗，他以淚眼汩汩之際，我亮出了【療心卡】；靈光乍現，不但化解了父母兒子之間始終交集不在一起的觀念，他破涕為笑，還說我好神～邀我去他班上跟同學聊聊……跟兒子更親近了～好棒喔！謝謝老師」

　　而在課程中，這位媽媽仔細地分享其過程。她先請孩子針對困擾抽一張陰影組的牌卡，牌卡一打開，孩子就自動地開始說了起來。

　　之後又再抽兩張陰影組的牌卡，而說著說著，眼淚也就止住了。

　　接著，媽媽請孩子為這個困擾抽三張滋養組的牌卡來對應，孩子也很能感受到滋養組所要傳達的。

　　即便過程中，媽媽說自己剛開始學療心卡，需要先看一下手冊內容，孩子也頗能接受。

　　最後，讓親子之間有了美好的分享與交流。

　　每當可以見證這樣的歷程，就不禁覺得：真的好棒啊！

　　透過療心卡，可以讓親子、朋友、夫妻之間有了對話的工具。

　　其重點不在於幫對方解牌，而是給出一個歷程，讓對方可以看見自己內心的樣貌。

　　因此，身為父母或師長，並不需要急切地用口語表達（即便說了也不一定有用），而是透過這樣的互動，讓孩子或學生更能認識

心靈牌卡私房書

自己，並建立彼此的關係。

這，不就是很好的一步嗎？！

其五

日前在療心卡的示範中，有這樣的案例。

個案談到工作轉換的問題。

因此，我請他為目前的工作及想轉換的工作兩者分別各抽一張陰影組及滋養組的牌卡。

目前的工作抽到「懷疑」及「歡樂」。

想考慮轉換的工作抽到「自卑」及「療癒」。

一開始大家看到這四張牌卡時，不免直覺地認為：目前的工作比較好，新的工作可能比較有狀況。

但因為並非為了預測未來，而是透過療心卡來探索內在的世界，也就是內心對於工作轉換的種種想法及感受。

所以，我還是先

邀請個案來說說自己看到這些牌卡的觸動。

　　不妨都先從最有感覺的一張牌開始。
　　個案對於目前工作的「歡樂」這一張比較有感覺。
　　他提到：他在現有的工作職場是游刃有餘的，可以開心地勝任。
　　但相對地，就是覺得有些不滿足及懷疑。
　　這也是想要轉換工作的原因，就是想給自己更多的挑戰。

　　由於一開始沒有對於問題有太多澄清，反倒是直接透過抽牌的解讀了解個案更背後的渴望。

　　說到這，個案似乎懂得另外兩張牌。
　　他繼續提到，因為這樣，新的工作其實是不太一樣的領域，雖然想挑戰自己，但也會擔心自己是不足的，也就是「自卑」這一張。
　　若「療癒」是對自卑的回應，那其實以輔導的重點來看，並不只是工作轉換的選擇，而是個案如何療癒內在對於工作與自我價值的連結，如何給予自己更多的勇氣來實現自我。

　　其實只是一個簡短的示範。
　　但真的看到，透過療心卡的抽牌，可以說得更深，像是心靈的回應，潛意識的訊息。

　　而我也再次學到，不要對個案的牌卡有先入為主的想法或價值上的評斷。
　　我們確實可能比個案更熟悉療心卡的牌義，但我們其實並不確定個案抽的這張牌對他的真正意義。
　　解牌就是營造一個彼此對話的空間。
　　一個讓個案與牌卡對話、與自己對話、與我們對話的空間。

心靈牌卡私房書

其六

　　有不認識的網友陸陸續續參加療心卡的線上解卡。

　　一開始是為了讓無法親自參加活動的人也可以體驗療心卡的樣貌，但透過參與者選卡之後信件往返的回饋，一樣還是覺得很能反映自己心理的狀態。

　　多麼有趣啊！即使不是面對面的抽卡，只要心中專注，憑直覺選擇療心卡的三個數字，依舊可以有所感應。

　　分享最近的一則來信吧！

　　信中提到：

　　想問感情方面的關係，想知道我要怎麼樣才可以找到一個很適合的對象？

　　目前還沒有男朋友，但有 2,3 個比較欣賞的男生。

　　選的數字是 18、25、36。

　　而我的回信是：

　　妳選擇的牌卡分別是滋養組的「活在當下」，陰影組的「冷漠」跟「完美主義」。

　　因為對妳目前或過去的感情經驗狀態不是很了解，就簡單從問題跟牌卡來說明。

　　妳可以先看完美主義這一張。

　　究竟對妳來說，什麼樣的男生才是最適合的對象？妳有清楚的條件或只是一種感覺呢？

妳對感情的期待又是什麼？

妳會對對方有較高的要求，還是對自己有較高的要求？或對所謂的愛情有較理想的憧憬呢？

而冷漠這一張，比較有可能是因為完美主義而來。

也就是如果我們心中有自己的一套標準，可能對於覺得不適合的人就會容易關上心門。

或者妳也可以看看自己是如何跟異性互動？

妳容易表達自己的感情嗎？

而解決之道是活在當下。

因為妳的提問是：我要怎麼樣才可以找到一個很適合的對象？

一個問題在什麼是很適合的對象。

另一個問題是我要怎麼樣，就是如何做。

重點是，妳是否是對方很適合的對象。

其實我們並不知道如何找到，只能說，在遇到時如何確定。

而妳準備好了嗎？

當妳自己目前一個人的時候，對自己的生活感到滿意快樂嗎？
或者妳十分渴望愛情及另一個人的陪伴呢？
無論如何，總是要先學會照顧自己喔！

妳可以自行去解讀這三張的意思，因為妳才是自己心靈的老師
喔！

而後對方又回信，針對我的解讀與這三張牌卡有很棒的回饋。
最後寫道：
真的很準喔，謝謝老師的分析，希望有機會上妳的課喔！！

我其實已經不太想去理解或說明：為何連線上解卡都會很準。
我就只是相信並經驗著。

而對助人工作者來說，在不瞭解對方的情況下，如何透過線上
解卡與對方互動，其實是一種很好的練習。
當你看到對方的提問以及選到的牌卡，你會如何詮釋與解讀
呢？你會如何想像對方的處境與生命的歷程？
你會如何延伸及拓展牌卡的牌義？又會如何回應他的問題？

正因為療心卡是以心理狀態為牌義，我想，更能成為一把鑰匙，
打開對方的內心世界。
而重要的是這個互動的歷程，以及對方自我的探索與追尋。

所以，線上解卡也可以神準而有趣呢！

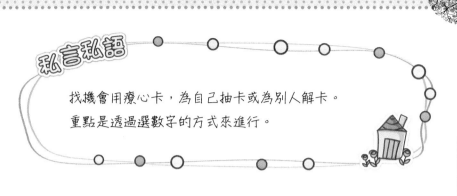

私言私語

找機會用療心卡，為自己抽卡或為別人解卡。
重點是透過選數字的方式來進行。

Fun 心卡的運用

其一：Fun 心卡與 Fun 心福卡的差別

簡單來說，Fun 心卡與 Fun 心福卡唯一的共同處就是，圖像的部分是一樣的。

其實當初一開始，只想設計 Fun 心卡，但因緣際會地在圖像都畫好後，另外產生了 Fun 心福卡。

也就是藉由相同的圖像，但設計出兩套不同功能的牌卡。

那麼，兩者的差異是什麼呢？

簡單地說，Fun 心卡含有 44 張的圖卡及 44 張的字卡 (一共有 88 張牌卡)。可單獨使用圖卡，當然也可把圖卡搭配字卡來運用。

但這是一套沒有正確牌義的探索牌卡。

而 Fun 心福卡只有 44 張的圖卡，但是每一張的圖像背面都有一句相呼應的正向語句。所以是一套祝福的牌卡，適合做為入門款。

兩者可一起使用，也就是先用 Fun 心卡來進行主題或問題的探索，最後再來抽一張 Fun 心福卡當作結束的祝福。

究竟要使用哪一套牌卡，主要是看使用的目的時機與對象。

但基本上是兩套功能與使用方式不同的牌卡喔！

其二：Fun 心卡的圖卡運用

　　關於 Fun 心卡的 44 張圖卡，由於是把心擬人化的故事圖像，且沒有固定正確的牌義，所以要如何解讀與運用呢？

　　且分享基本的用法。

　　若是用抽牌的方式來進行，一開始都要先澄清及確認問題是什麼。

　　如果搭配字卡一起使用，也會先建議抽牌後，先打開圖卡來探索，再打開字卡來搭配。

　　因為圖卡就像一幅尚未被命名的作品，每個人觀看圖像總會有不同的感受與解釋。

　　但一般來說，字卡因為有字詞，比較容易有特定的連結，即便 Fun 心卡字卡的相對應牌義設計較可以拓展更多的可能性，但圖卡與字卡搭配時，還是會建議先打開圖卡，再打開字卡。

　　當圖卡被打開時，一開始是要先確認自己看到了什麼。

　　在畫面中，吸引自己注意的是什麼？

　　自己對這張圖有什麼感覺或想法？

　　接著是回到問題的連結，這張圖卡跟我的問題有什麼關聯？

　　若這張圖卡是為了回應我的問題，我覺得：她想說的是？

　　有些人一打開圖卡就可以快速地與問題連結，有些人可能要先花一點時間來「看懂」這張圖卡。

　　而關於圖卡的解讀，也可以用較故事性的方式來訴說。

　　例如：這顆心代表什麼？

　　這張圖有著什麼樣的故事？

　　你比較像哪一顆心？

你覺得：這兩顆或這些心之間的關係或互動是？
也可用第三人稱的方式來訴說圖卡。

當然，若再搭配字卡，又會有不同的描述。

以這兩張圖卡來說，這兩張是在所謂的選擇問題之下所抽的牌。
左圖代表維持現狀，右圖代表改變的選項。
記得當時一打開牌的時候，全場的成員都發出了然的讚嘆。
因為一對應到問題，我們總會開始連結與發想。
但重點是，抽牌者如何看待這兩張圖卡。
他看到左圖是迷宮，而自己比較像那顆獨自行走的心。
右圖像是天堂，那顆大心象徵著希望。

但這並非預測未來，而是看出抽牌者的心理狀態。
所以後續的對話是很重要的。
既然這樣的選擇會成為問題，就代表兩者一定有好有壞。
深入探索後會發現：左圖還是有出路，而右圖是需要打造及努力的。

若以一張張的方式來看待 Fun 心卡的圖卡，難免就像看繪圖作品，不見得確認其意。

但一旦連結到自己的問題，其實就比較容易有所感受與體悟。

所以不用擔心解讀有誤。

倒是助人者要留意自己的詮釋，重點在於引導及發展，而非確切地解牌。

一起在 Fun 心卡的圖像世界中遊戲與成長吧！！

私言私語

想一個問題，為自己抽三張 Fun 心卡的圖卡，
練習不同的圖像解讀與連結。

其三：Fun 心卡的字卡運用

再來分享 Fun 心卡的字卡運用吧！

44 張的字卡，每一張字卡都有兩個相對應的牌義，例如：『喜歡─討厭』、「主動─被動」、「男性─女性」。

所謂相對應，不代表一定是相反或衝突的，而是兩個相互影響或存在的狀態。

所以，這樣的設計也就是為了打破單一的觀點與框架。

如果同一張圖，可以有兩種甚至更多的含意，不就可以發現更多的可能性嗎？

正因為 Fun 心卡的圖卡是擬人化的故事圖像，並沒有正確固定的解釋，若再搭配這樣的字卡，就可以發揮創意，嘗試更多的解讀脈絡。

那到底要如何將圖卡與字卡搭配運用呢？

簡單來說，先抽一張圖卡，再抽一張字卡。翻卡時請先翻開圖卡，讓自己先「看懂」這張圖卡，找到與自己的連結。

接著，再翻開字卡。

此時，會有一個牌義是正對自己的。你可以先用這個牌義來搭配圖卡，說說自己的想法。之後再翻轉字卡，用另一個相對應的牌義來搭配同一張圖卡，看看會有什麼不同的發現。

當然，你也可以在翻開字卡後，看看兩種牌義，自行決定較有感覺或覺得較適合這張圖卡的牌義。

也可以用圖卡的圖像來決定哪一端適合哪一種牌義。

或者還可以，為了搭配圖卡，將字卡左右橫放。

總之，字卡的搭配可以是自由的，但重點是運用兩種相對應的牌義來找到更多的可能性。

畢竟，答案不會只有一個。

往往內在會受困，就是被問題卡住，找不到解決之道或者以為只有一種答案。

而透過 Fun 心卡的字卡設計，可以看看至少兩種的解讀。特別在看似矛盾的情況下，其實就像人生的一體兩面，總是有陰有陽，甚至還有第三種可能。

一起來 Fun 心，放心吧！

想一個問題，抽一張 Fun 心卡的圖卡配上字卡，
看看圖像配上文字會有什麼樣的不同經驗。

chapter 03

牌卡運用的輔導立場

牌卡運用的輔導立場

在分享牌卡的運用之前，我一定要先探討牌卡運用的立場跟心態，特別是不以占卜為目的，如何運用在助人工作的現場。

若非這幾年，各種牌卡的興起，一般人大抵最有印象的，應該會是塔羅牌。

塔羅牌在西方有其歷史的淵源，而在台灣，也是繼星座之後，火紅的自助工具。

只要有興趣的人，都可以在市面上的書店、報章媒體、網路，甚至是夜市，發現她的蹤跡。且，塔羅的參考資料跟書籍也算是多的。

但，相對地，一般人對塔羅牌的印象，就是占卜算命。

然而在專業的助人工作現場，無論是輔導老師、心理師或社工師，大家固然喜歡運用心靈牌卡作為談話的媒材工具，卻絕非以幫個案占卜算命為目的。

所以，究竟要如何區分兩者的運用呢？

以實務的技巧來說，就是不要讓個案問一個關於未來特定結果的問題。

例如：我三個月之內會不會交到男女朋友？我畢業後會不會找到好工作？我明年的財運如何？我爸媽會不會離婚？

只要是跟未來某一個特定的結果相關，也就是預測未來的問

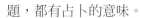

題，都有占卜的意味。

換句話說，幫個案透過牌卡去詢問一個他本身不知道的他人或外在世界的問題，其實都是一種預測。當然，我並非否定占卜的功能。畢竟除了西方的塔羅傳統，東方更早之前就發展了易經的卜卦，而台灣各地更有不同的占卜方式，例如：到廟裡求籤、米卦、鳥卦等等。

想要知道未來會如何，是人性的一部份。有些人確實也可能透過這樣的歷程得到自己想要的。

但以輔導的立場來說，我相信我們比較看重的是，個案當下的力量與自我探索認識跟選擇與決定的能力。

所以，凡是超過個案本身可以知道的事，其實都比較不是輔導上要探究的問題。

當然，關於自我探索、內在世界，甚至是潛意識的智慧，雖是個案還不明白，卻非常適合透過牌卡來進行。

我說的是，舉凡他人的想法、外在世界會發生什麼、到底會有什麼樣的結果等，不只是個案不知道，連助人工作者也不知道啊！

這也可以顯示出輔導跟占卜的另一種不同。

也就是，那為什麼，上述的占卜方式或工具就可以知道未來呢？

以塔羅為例，也許沒有那麼明顯的聯結。但以去廟裡求籤為例，試問：求籤者是跟誰求呢？是誰會知道關於未來的答案呢？

顯而易見的，是跟神明求問。既是神明，信者自然覺得有其法力跟本領，可以知曉未來，為信者指引迷津。

所以，這也帶出了輔導跟占卜的差別，即輔導是以人，尤其是個案的成長與改變為主。但占卜會以神明的意見為主。

試著想像，如果今天個案對於所抽的牌覺得不準時，工作者要如何回應呢？

既然牌卡是助人的工具、藝術的媒材，那麼，抽牌的準與不準，並非是工作者追求的目標。

個案覺得不準時，可以再抽一張，或選一張，也可以直接進行討論。

因為，助人者看重的是個案的反應。

但在占卜的歷程中，比較不重視個案的感受想法，而是如實地傳遞工具或神明所要表達的訊息。

相對地，就比較不重視個案決定的能力。

接著說，固然助人者無須追求抽牌的準與不準。但很奇怪地是，在實務經驗中，卻常發生當下的準。也就是，個案所抽的牌居然好呼應他的心情或狀態。

我會說，一旦使用抽牌的方式，確實就比較靠近占卜的

運作。也就是雖然不是預測未來，卻好似有看不見的偉大心靈，回應著個案的疑惑跟困境。

為什麼會抽到感覺很準的牌呢？

為什麼要用抽到的這一張牌來聊問題，而不是其他牌呢？

為什麼即便像是 OH 卡跟 Fun 心卡，也會有很貼近的感覺呢？

關於這些問題，自有不同的說法。

但我覺得，比較重要的是，每一位助人者自己如何看待與解釋，這跟個人的價值觀、世界觀甚至是宗教觀有關。

如果不想牽涉這樣的歷程，就只要運用選牌的方式，而非抽牌。

一旦抽牌，對助人者來說，也意味著冒險，意味著共同跟個案透過牌卡來一窺超越理性思維的心靈世界。

所以，你是怎麼看占卜跟輔導的不同？

又怎麼理解抽牌跟選牌的運用呢？

抽牌的時機與準確度

帶領心靈牌卡的教學課程時，我都會邀請成員透過親自的抽牌歷程，來體驗心靈牌卡的奧妙與趣味。

首先需要由成員自己先提出一個問題。一個最近困擾自己，可大可小的問題。

接著就是洗牌抽牌，看看抽牌的結果呼應了什麼樣的心理狀態。

透過這樣親身的經歷，就可以去體會為何牌卡可以成為有效快速的助人工具。

不過也許也有人會反應：抽牌的結果與自己的問題不太相干，覺得不太準確。

先來分享，如何讓抽牌有較精準的狀態。

第一是，抽牌者帶著困擾而來。

也就是抽牌者真的渴望探索問題、尋求解答。

他所提出的困惑確實影響他目前的生活，甚至讓他覺得痛苦萬分。

也就是有較強烈的改變意願與動機。

那麼這時候透過牌卡，就可以直接反應他的心理狀態。

倘若抽牌者帶著遊戲嘗試的心情，或者有一種踢館輕蔑的態度，自然就會得到抽不準的結果。

此外，需要為抽牌者營造一個安靜、不受打擾的空間。

讓他可以靜下心來好好地洗牌抽牌。

至此，無論抽到什麼牌，都具有探索的意義與價值。

簡單來說，抽牌的精準需要重要的問題。

重要指的並非事情的嚴重度，而是抽牌者的認真程度。

越是在自己有需要、有困難的狀態下，其實越可以透過牌卡來找到出路。

所以，太幸福安穩的人，其實不太需要抽牌。

正如我在機構的研習中，也遇過想不出問題的夥伴，特別在主題卡的教學，如：塔羅、OH 卡、療心卡等。由於抽牌一定要帶著自己的問題而抽，就只好請他暫時當個聆聽與觀察者。

其實，當生活較平順時，還是可以抽卡啦！

只是這時候就比較適合使用正向卡，如：Fun 心福卡、漣漪卡等，就當作給自己的一份祝福與鼓勵，不需要特別去探索問題，只要讓美麗的圖像與正面的語句陪伴自己。

究竟，什麼時候適合抽牌？又適合選擇哪一種牌卡呢？

主要就是看自己的狀態。

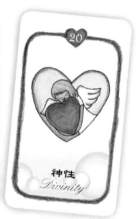

　　當有重要的生命課題時，就可以選擇主題卡來探索。

　　如同這三張療心卡所顯示的。

　　其一是「執著」，也就是遇到了讓自己痛苦煩惱的問題，解不開理還亂時。其二是「療癒」，當自己經驗了痛苦，渴望改變、發現解決之道時。其三是「神性」，也許沒有具體的問題，但想要認識自己，經歷更多的轉化與成長時。

　　這時候來抽卡，就可以體驗牌卡這樣的媒材之所以可以反映心靈世界的歷程。

　　而當沒有特別目的時，則可以選擇正向卡來接受祝福。

　　所以，當遇到問題或困境，其實正是一個改變的契機，正是一個可以好好運用牌卡的時機。

我的經驗與發現：

另一種精準

　　在帶領牌卡教學工作坊或接受機構學校的邀請時，由於自己的助人背景與歷程，往往將心靈牌卡視為一種探索自我與協助他人的媒材工具，而較不以占卜為目標。

　　畢竟在學校的輔導工作中，無論是心理師、輔導老師或一般教師，角色與任務都與坊間的塔羅師有所不同。

　　對喜歡算命問卜的台灣人來說，希望遇到算得很準的老師。而這個準是關於預測未來的準確性。倘若透過塔羅牌可以知道未來所發生的，其解牌結果也確實在不久的將來得到印驗，這就滿足了趨吉避凶與掌握未知的渴望。

　　但在輔導工作中，是以另一種態度與立場來運用心靈牌卡。

　　心靈牌卡乃是一種對話與溝通的媒介，也有諸多的優點，例如：容易引起個案的興趣、可以快速切入主題、可在短時間內進行等等。

　　不過，之所以可以成為輔導的工具，背後依舊隱藏著另一種準確性。

　　以下的分享乃是以蓋牌抽牌的狀態來說。

　　既然是蓋牌抽牌，當事人並不知道自己會抽到什麼樣的牌卡。

　　倘若我們只是說：牌卡是一種投射的工具，當個案抽到完全沒有感覺或聯想的牌卡時，又有什麼意義？或者又該如何進行下去呢？

　　倘若抽卡的結果並不能反應個案的狀態或無法與其有所連結，是否就失去了對話的功能？

　　所以我相信，牌卡其實是一面可以反應個案心靈狀態的鏡子。

　　在個案專注且有意願的情況下，我相信，他一定會抽到跟自己目前狀態有關的牌卡。

　　而這就是另一種精準。

　　就像一面鏡子，也許有些是模糊的，有些是缺損的，但終究是一面鏡子。無論是放大鏡或凹凸鏡，必然可以反應出鏡中人物的某個面向。

　　因為能夠映照出言語說不清或不知道該如何表達，或因為太過深刻而隱晦不明的，所以心靈牌卡才能成為輔導的媒材。

　　以 OH 卡為例，固然她是一套沒有正確固定牌義的圖卡，但在諸多經驗中，依舊看到抽卡的結果很貼近個案的狀態。

　　例如一位夥伴正在探索工作上的議題，居然就抽到教室的圖卡，而她正是一位老師。

　　尤其 OH 卡往往又會有令人意想不到的搭配出現，倘若我們願意相信，這抽卡的結果必然與自己有關，就可以敞開心胸，更深入地去探索潛意識的訊息。

　　而以療心卡來說，因為牌義為心理狀態，更可以直接地反映目前內在世界的光景。

　　就算是正向卡，依舊可以抽到符合當下需要的祝福。

這是另一種精準，不在未來，而是現在。

其實未來如何，也要看現在如何選擇與經營。

所以與其知道所謂被命定的未來，不如探索及瞭解可以改變現在的自己。

而心靈牌卡，就是有趣又有效的工具。

1. 在你的經驗中，是否曾有過抽牌很準的感覺？

2. 你如何看待這種當下的準？

3. 這跟占卜的準有什麼不同呢？

準與不準都是一種訊息

若是把心靈牌卡運用在助人輔導工作中，把牌卡當作心靈的一面鏡子、一種對話的工具、圖像式的藝術媒材，而不在於占卜未來，那麼，當對方抽牌卡時，無論覺得準或不準，對輔導工作者來說，都是重要的訊息。

倘若覺得準，自然就如同一把鑰匙，打開心靈的大門，呈現出內在世界的景色。

個案不僅感到訝異，甚至不免覺得好奇。於是，就有了對話的平台。

就算覺得不準，也可以是輔導的切入點。

因為當對方覺得不準時，相對地也可以引導他訴說出他所以為的準。

即便不太清楚，至少他知道不像牌卡所顯示的。

而這樣，依舊可以成為彼此對談的內容。

所以，不用擔心準或不準。

重點也不在於準與不準，而是個案如何透過牌卡描繪他的內心世界。

這描繪的方式與他透過心靈的眼睛所看到的風景，才可能是困住他的框架。

例如：一位學生在談到家人關係時，抽到聖杯十。

以關係來說，這是一張好牌。

以占卜的觀點，也帶來美好的圖像。

但學生看到這張，反而說出了自己的擔憂與恐懼。

正因為有所期待，反而害怕失落。

即使是正向的牌卡，反而顯示出他的黑暗面。

所以，即便準確地反映個案心理的狀態，更重要的是他如何去詮釋解讀，而工作者又如何透過這樣的工具展開療癒陪伴的歷程。

這背後正如同準與不準都是一種訊息，如同沒有好壞對錯的牌卡，因為工作者越能夠看到一體的兩面，看到所謂的問題背後帶著解答，看到所謂的好也可能隱藏著陰影，更看到療癒是可以超越二元性的對立矛盾，那麼，所有的牌卡都是祝福，都有意義。

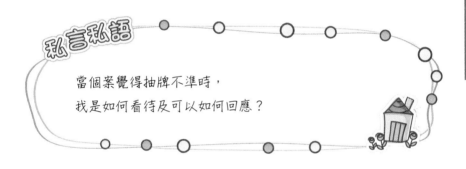

私言私語

當個案覺得抽牌不準時，

我是如何看待及可以如何回應？

Memo

抽牌為何會準的幾種說法

在進行牌卡的教學課程時，我總會花一些時間與成員討論，關於：抽牌為何會準這件事。

每個人其實必然會有不同的看法與立場。

但前提是：你相信，抽牌會準嗎？

若不會準，又為何要拿來運用呢？

這裡說的準，並非是預測未來的準，而是當下的準。

例如：

為何同一個人會在同一天的課程中，連續四次都抽到同一張牌？

為何洗牌兩三次，還是抽到同樣那幾張？

也就是為何在那麼多張牌卡中，可以透過手中抽到的這一張來探索心靈的樣貌？

當然，以心靈牌卡當作輔導的媒材，與坊間的算命占卜是不同的。

即便對方說不準，以輔導的功能來說，都可以視為談話的契機。

但倘若牌卡並非只是做為圖像式的工具，並非只是透過選擇與投射來反映個案的狀態，而是運用抽牌的歷程來完成心靈的對話，那麼，抽牌會準，就格外有意義。

分享一篇相關的文章。

在張老師月刊 402 期中，目前接受榮格分析師訓練的呂旭亞老師寫了「從春天的牆腳長出來的《易經》課」一文，其中談到他們如何在課堂中練習易經占卦。

文中提到：「榮格學派的《易經》學習，是將《易經》的占卦當成與集體潛意識相遇的一個方法，而理解卦象就是用分析夢的方式去理解《易經》裡的卦辭。所以光是要澄清自己占卦時的問題，就是一個自我分辨與對話的歷程，等到卦象出現，如何理解卦辭所提供的象徵性意義，又是另一個挑戰。」

「榮格式《易經》是將《易經》六十四卦的卦爻辭視為一大群象徵符號，卦爻辭中的語言變成象徵訊息與占卦者生命的景況，產生如夢似幻的關聯，而這個關聯是一種極為奇異、準確，又有意義的連結。」

所以，「榮格晚年發展了有關「共時性」的研究，因為他沒有辦法否認《易經》占卦的準確性，也無法不動用他科學訓練的頭腦，用現代理性的觀點來檢視這奇怪的準確。」

心理學大師榮格是這麼看待占卦的準確。

而另一位大師奧修則說：每當我們做任何事—占星、未來的建議、星座解讀、手相、易經占卜、或塔羅牌解讀—任何跟未來有關的事，基本上都是在讀那個人的無意識。

它跟未來的關係很小，反而跟過去的關係比較多，但因為未來是由過去所創造的，所以它跟未來也有關係。

因為人們的生活就好像一部機器，所以預測是可能的。（出自「生命的遊戲」一書）

雖然他並沒有解釋為何會抽到與自己有關的牌，卻從另一個角度看到重複的模式如何影響現在與所謂的未來。

Voyager Tarot 的設計者 James 是這麼解釋塔羅之所以會準確：
因為七十八張牌都是每個人會經歷到的人生。

也許數學家會認為這是機率問題，但這麼多張牌，為何在這一
刻，在這一個問題的回應中，是所抽到的這一張牌呢？
畢竟不同的牌所顯示的內涵是不同的。

至於我，我相信，抽牌會反映抽牌者的心靈狀態。
為何會如此？
我自己目前的解讀是，因為心靈擁有看不見的力量。
當一個人在困境中，渴望尋找答案時，他的身心會指引他抽到
適合的牌卡。

也許那畫面很像「奇蹟」這本書作者的描述，其身為一名腦科
學家，卻經歷中風而後康復的歷程。更重要的是，作者提到：「這
是我進入右腦意識的旅程，在那裡，我被包裹在一團深沉的內在祥
和裡……漂浮到一個令我覺得天人合一的境界。
我終於了解，我們如何能經歷那種「神祕的」或是「形而上的」
經驗，……內心的洞見因而產生。」
如果，我們都是能量，如果我們不再有分別與界線，就像量子
的連結與波動，當我們伸出手抽牌，會拿到呼應我們心靈的牌卡。

那並非牌卡本身具有神奇的力量，而是我們、心靈、宇宙，一
起共鳴。

Chapter 04
牌卡的自我運用

牌卡的自我運用

心靈牌卡很適合作為認識與覺察自我的一面明鏡。

所以，當然可以自己為自己抽牌。

但因為少了另一位解牌或對話的對象，如果單純只是靠抽牌後看手冊或自己聯想，可能會有一些盲點。因此，適合透過其他的方式來進行更深入的自我探索。

以下就介紹幾種方法，這些方法也可以用在一對一的輔導或小團體，甚至是班級的運用喔！

自由書寫

若以文字的方式來探索，「自由書寫」或稱做「第一念書寫」的方法是很適合的。

就是想好一個問題或者不帶著問題也無妨，準備一張紙或筆記本、一支好寫的筆，抽卡，直覺地寫下你對這張卡的任何想法。

在限定的時間內，也許五分鐘、十分鐘，甚至十五分鐘，筆都不可以停下來，就是持續地寫出自己對這張牌與問題的想法。

你可以自行控制書寫的速度與筆跡，不需要去美化或修飾你的句子，不需要在意字的美醜大小，這不是作文課，只要持續地寫寫寫。就算時間到了，如果還有想說的，就繼續完成。

一開始可以寫「牌義是…」（以文字的解釋而言），然後再寫「我的牌義是…」，寫出你對這張牌卡的感受與想法。

就算最後的描述已經脫離這張牌卡，也沒有關係。重點是透過這樣的方式與工具，打開潛意識的門窗，更靠近心中的思緒與聲音。

這樣的練習不僅可以熟悉牌義，發現自己的解讀脈絡，更可以達到自我認識的效果。

如果說牌卡是心靈的一面鏡子，自由書寫就是讓我們擦亮屬於自己的角度，讓我們看見心中的地圖，讓我們發現我們真正渴望與堅持的。

以 Rollo May 的話來說：「我們之所以找尋新的詞彙，是因為在潛意識層次有重要的事情在醞釀，它雖然未有清楚的形貌，但是正想盡辦法要現身，而我們的任務，就是盡力去理解和傳達這些不斷浮現和發展中的事物。」

無須看書解牌，無須透過別人來說明，自己，就是最好的大師。

私言私語

為自己想一個問題，抽一張牌，就來自由書寫吧！

心智圖

　　坊間有一些書籍介紹心智圖的操作，簡單來說，就是從一個主題開始發想，可以用寫的或畫的，把相關的連結記錄上去。

　　所以，先準備一張八開白色的圖畫紙、一支好寫的原子筆、色鉛筆或蠟筆或彩色筆。

　　接著，為一個問題抽一張牌。把這張牌放在圖畫紙的中央，好好地看著。再憑自己的直覺把任何想到的寫在旁邊或畫在四周。她可以是放射式或連續式的發想，從一到二，或者從這個到那個。

　　完成之後，你就會更清楚自己對於這張牌跟問題的看法。

　　重點不在於解牌的正確與否，而是呈現出內在世界的樣貌。

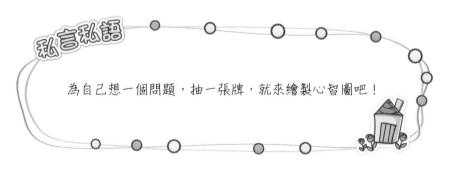

私言私語

為自己想一個問題，抽一張牌，就來繪製心智圖吧！

塗鴉創作

　　牌卡的自我探索除了文字的書寫，塗鴉，也就是跟圖像的連結，也是很好的方式。

　　請先準備一張白色八開圖畫紙（紙張的大小是至少要比手中的牌卡大，大到可以創作）及任何你喜歡的塗鴉工具。

　　接著，為一個問題抽一張牌。或者，也可以使用牌陣，但牌卡張數越多，紙張就要越大。

　　將這張牌或這些牌放在紙上，然後憑直覺畫出其他空白的部分。也就是你覺得在這張牌的旁邊或周圍會出現什麼呢？

　　當然，一開始可以試著畫出跟問題相關的。

　　這也不是美術課，所以重點不是畫得美不美、像不像，而是透過塗鴉來表達內在的感受與畫面。

　　你也可以完成一幅比較靠近自己想要的結果或答案的作品。

　　但重點是，並非一開始就知道要畫什麼，而是一筆一步地去創造與發現。

　　如果真的無法下筆，就先從選一個自己喜歡的顏色開始吧！

私言私語

為自己想一個問題，抽一張牌，就來塗鴉創作吧！

拼貼創作

上述的方式也可以改用拼貼來進行。而拼貼，還有另一種功能，就是牌卡的教學。

以最難的塔羅牌為例，透過拼貼，可以更認識塔羅圖像的意義及增進自己與塔羅的連結。

方式如下：

1. 先選或抽一張塔羅牌〈初學者可以先從大牌開始〉。

2. 仔細觀看這張塔羅牌，藉由圖像與牌義形成自己初步的一個印象與感知。

3. 從報紙或過期的雜誌，還是自己喜歡的圖片，找尋符合這張牌的圖像。

4. 用剪貼的方式，完成屬於自己的塔羅牌。

5. 完成後，與原來的牌面對照看看，是否有所雷同或相異之處，自己又選擇了哪些圖像來表達牌義呢？

私言私語

為自己想一個問題，抽一張牌，就來剪剪貼貼吧！

chapter 05
一對一的運用

❧ 一對一的運用 ❧

　　手中有適合的牌卡，也知道要如何運用，且自己也有選牌抽牌的經驗後，通常就可以開始一對一的練習。

　　也就是找一個夥伴，協助對方透過牌卡來自我探索，甚至解決困擾。

　　但究竟要找誰呢？不同的對象也有不同的運用深度喔！

　　一開始會建議一定要找自願的人，也許是家人或朋友，也就是單純地玩，不一定帶著助人的目的。

　　主要是先讓自己熟悉跟他人透過牌卡互動的歷程。

　　且有時候也會因為彼此都熟悉，對方反而不願意透露更內心的想法。

　　但至少在友善的關係中進行，會培養使用者的信心。

　　再來，當經驗越豐富，就可以考慮在助人情境中使用。

　　但個案的狀態是自願或非自願的影響就很大。

　　再者，工作者是在機構內或私人收費，其實也會影響個案的來源與期待。

　　總之，給自己一個好的開始，甚至可以是工作者彼此之間的練習。

　　如何從熟悉牌卡到熟悉牌卡的助人歷程與功效，是一趟自我成長轉化的旅程！

運用的流程

先來分享個別的使用流程。簡單地條列如下：

1. 介紹牌卡
2. 了解問題，澄清問題
3. 選牌或抽牌
4. 解牌與對話
5. 療癒與祝福

當某一個人來到我們面前，一開始可以先簡單介紹手中的牌卡。畢竟除了塔羅牌，其他的牌卡是一般人較少接觸的。

這個步驟也是讓對方可以了解工作者使用的立場，特別是輔導跟占卜的區別。

再來，很重要的是先了解及澄清對方的期待、目的與真正的問題。

也就是通常抽一次牌卡，是問一個跟自己有關的問題。

如何問一個好問題會影響後續的解牌。

就像完成語句一般，起一個適合的開始，會讓接下來的過程更加順利。

確定好問題後，即是選牌或抽牌。

到底要用什麼方式，可由工作者視個案的問題與狀態來決定。當然，選牌的方式也不只一種，重點是工作者要設定選牌的題目。

當個案選好之後，則邀請個案依據自己所選的牌來分享。而工作者則可以依此展開對話！

　　若是抽牌，則需要先洗牌。
　　洗牌可像洗撲克牌一樣，抽牌者洗好後，解讀者可將所有的牌卡攤成一個扇形，再由抽牌者抽牌。
　　但與其說有制式的方法，不如就看每一位解讀者是否有自己的儀式或風格。當然，洗牌前也要先確認這次要抽幾張牌。

　　所謂抽牌又可看是否要使用牌陣，或者不用。
　　抽牌之後自然就是開牌、解牌。
　　而依據所使用的不同牌卡，解牌自然是流程中的重頭戲。
　　解牌的深度與方式會隨解牌者而不同。
　　甚至以輔導的立場來說，引導抽牌者多說一些自己的看法，也是重點。
　　但解完牌之後，以助人工作來說，我不覺得就結束了。
　　因為牌卡固然可以聚焦，可以以有趣又奧妙的方式探索問題，卻不代表就解決問題。
　　所以，若要讓工作有完整的結尾，最後需要一段療癒跟祝福的歷程。這療癒也許是從牌卡出發，但更需要解牌者本身的專業能力及所謂助人的法門方式。

　　這樣就是完整的牌卡之旅！
　　當然在實際進行時，還有很多細節與方式。

　　總之，讓自己放手去嘗試與運用吧！

一對一選牌

選牌是一種把牌卡圖案或文字讓對方在看得到的情況下，請對方依據主題自由挑選的方式。

若以塔羅占卜來說，一般都是抽牌，而不會是選牌。但對助人工作者來說，選牌是一種可以跟個案互動對話的方式。

基本上，其適合各種情境，但跟抽牌比較起來，選牌的特色就是個案可以看得到每一張牌的內容，他可以視狀況跟安全感來選擇自己所要分享的，所以適合剛開始建立關係或暖場，以及比較防衛或非自願性的個案。

那究竟如何進行呢？

首先，先確認手上的牌卡是否適合選牌，又是否可以符合選牌的主題。以價值澄清卡來說，如：生涯卡、夢想實踐卡等，其實都是用選的。

若是一般的牌卡，建議選擇圖案比較豐富，如：Fun 心卡、說書人、塔羅等。

若是年紀比較小的個案，可以用漣漪卡或心願卡。

但若是要使用 OH 卡，我會建議可以先讓個案用抽牌的方式來減少張數，例如先從 88 張抽出 40 張，從這 40 張再來挑選。

再者，若要選擇有文字的牌卡，建議文字要簡短，如療心卡或上述的價值澄清卡。

接著，就是確定主題。

這主題可以是在跟對方聊完問題或近況後再來決定的。

05

一對一的運用

心靈牌卡私房書

93

例如：你對這個問題的感覺？這件事對你生活的影響？你覺得跟這個人的關係像什麼？

一般若是以圖像為主的牌卡，各種主題都可以適用，只是相較於個案的年紀跟認知程度是否容易連結。確定好主題後，就讓個案拿著牌卡，將要選擇的圖案或文字那一面朝上，一一選出符合主題描述的牌卡。

此時，也可以搭配先分堆。也就是一邊選牌，一邊將所選的牌卡分成三堆：跟主題有關的，跟主題無關的，我不知道的。有些人有可能只分成前兩堆，而沒有第三堆。就其分堆的狀況，也可以視為了解個案的線索。

分好後，無關的或不知道的牌卡就可以收起來。把有關的那一堆牌卡都一一在工作桌上排列好。

通常因為時間的關係，不見得每一張都會讓個案訴說。但全部排列出來，就會讓工作者對於個案的主題有全面的了解，也可進行後續的對話。接著，可邀請對方從中再選三張或五張來分享。就開始選牌的一對一對話了！

重點是試著從個案所選的所有牌卡來展開對話，一開始他分享其中三張，但工作者也許更好奇某一張或請個案來做個排序，總之，如何透過牌卡把原本的對話具體地呈現，會是很有趣的過程。

甚至結束時，工作者可以選一張或三張牌卡來送給個案，作為本次談話的回饋與祝福。

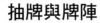

抽牌與牌陣

　　抽牌是一般使用牌卡時的方式，也就是把有圖案或文字的那一面朝下，讓個案在看不到的情況下抽一張或三張或更多張。

　　但究竟要抽幾張，其實是跟一開始如何確定問題有關。

　　也就是由工作者判斷，到底個案的這個問題要如何抽牌。

　　一般來說，抽一張是最簡單的，但相對地資訊也比較少。三張會是剛剛好的選擇，不多也不少。

　　但有時候也看牌卡的屬性，例如療心卡可分兩組，若兩組各抽一張，則會有兩張牌出現。

　　另外，若是遇到選擇性的問題時，也可以根據選項的數量來抽牌。如有四種選擇，就可以每一種選擇各抽一張。

　　再者，也可以運用牌陣，尤其是塔羅牌或沒有正確固定牌義的牌卡。

若懂得運用牌陣，也可以自己創造或當下透過個案的問題來設計。

簡單來說，就是幫個案的問題做系統化的整理。到底在他的問題之下有哪些重要的元素呢？

牌陣一般至少會有三張牌，甚至更多張。但張數也會隨著問題的複雜度來增減。所以如果是簡單的問題，不一定需要牌陣。

分享一個我常用的牌陣，可以適合各種問題。

此牌陣只要抽三張牌，第一張代表現狀，第二張代表可能的阻礙或需要面對的課題，第三張則是建議。

無論要抽幾張牌，建議是全部抽出來之後，再一一打開，也就是不要每抽一張就打開一張，這樣個案會容易受其影響而打亂了抽牌的程序。

在運用牌陣上，也有工作者是按照順序打開牌及解牌，但我比較喜歡一次都打開，是因為這樣容易看見事情的全貌，也更知道牌與牌之間的關聯。

通常透過牌陣的界定，可以更有方向地協助個案。

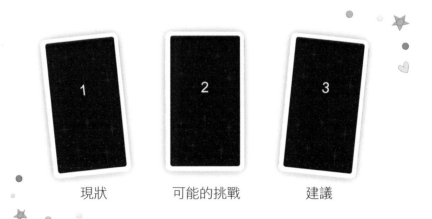

現狀　　　　可能的挑戰　　　　建議

解牌與對話

　　抽牌後，打開牌，就是開始深入的對話了！

　　但解牌的技巧與方式也會因牌卡的性質而有所不同。

　　簡單來說，有牌義的牌卡，除非牌義容易了解，一般都需要工作者加以說明跟解釋。

　　例如：最複雜的塔羅牌。

　　當然，也許有些工作者把塔羅視為投射的工具，所以邀請個案說出看到牌面圖案的感受或想法。但對我來說，這固然是一種可行的方式，只是一旦使用抽牌，且是抽塔羅牌，就不免有其牌義的意義存在。也就是說，塔羅是最需要解牌的牌卡。

但如何解牌呢？

　　首先，工作者一定要先了解自己使用的牌卡，每一張的牌義為何，要如何說明。再者，工作者要從一開始的問題來解讀牌卡。也就是在不同的問題下，牌卡的說明有可能是不太一樣的。

　　另外，解牌也可以從個案的狀態、特質個性來加以變化以及助人工作者不免帶著協助的目的，故解釋上也可能有所不同。

　　這其實是跟一開始如何看待牌卡在助人工作上的功能有關。如果不是為了預測未來，而是為了協助個案的自我認識、自我轉化跟問題解決，那麼，解牌就不單只是正確地解釋牌義，而是以個案為中心來加以詮釋。

有另一種沒有固定正確牌義的
牌卡，如 OH 卡、Fun 心卡，就更
能看出其不同。也就是這樣的牌
卡，重點不在於工作者的解讀，而
是工作者要如何引導個案說出自己
與牌卡的連結。

重要的是，如何透過牌卡來跟個案展開對話，協助個案探索看
不到的內心世界，進而找到外在世界因應的力量與方法。

療癒與祝福

一般塔羅師在解牌之後，任務就結束了。

但對助人工作者來說，牌卡是建立關係、打開話題的工具，但
不代表可以直接解決個案的問題。

例如：個案抽到療心卡的「放下」這張牌，
個案可能說：我也知道要放下，但我的問題就
是我放不下。

所以，要如何真正協助個案可以放下，其
實更是助人工作者的重點。

但，用什麼方式，就要回到工作者擅長
的專業。也許是敘事治療、藝術治療，也許
是身體工作，也許是各種方法。

有些牌卡本身就是療癒卡，也就是牌卡的內容是跟花精、精油
或水晶相對應的。抽到某一張牌，就可以找到相對的療癒之物。而
一般牌卡比較還是在文字跟圖像的澄清與探索，所以當然也可以再

使用自由書寫或塗鴉的方式，不過若要走得更深入，工作者不妨去思考要如何結合牌卡與自己的專業。

例如，我自己就把療心卡的滋養組跟精油冥想做搭配，每一張牌有對應的精油跟主題，就可以帶領個案透過芳香療法與冥想的歷程來協助自己找回力量。

當然，也可以在對話結束時，讓個案抽一張正向卡或神諭指引卡，作為鼓勵與祝福。工作者也可以透過這些牌卡跟個案討論是否可以有哪些具體的改變行動，也就是牌卡是死的，是紙張做的，個案要真正改變勢必在現實生活中要有其他的歷程或行動。

我的經驗與發現：

家族排列的運用

因為學習家族排列，啟發了我透過牌卡來加以運用，且覺得很有效果的方法。

想要使用這個方法，並不需要懂得家族排列，我只是借用其兩個概念來操作。也就是「距離」跟「方向」。

而這種方式可以來探索家庭的動力與人際的關係。一般會建議使用療心卡或年輕人像卡。

使用的方式如下：

請個案先確認問題中的相關人士，包括他自己。例如：家庭中的父母、個案或他的手足。

接著，用上述的牌卡為每一個代表人物選一張或抽一張牌。

工作者可以跟個案討論為何這個人物要用這一張牌或為何抽出這一張牌。

接著，在桌布上，請個案透過心裡的感覺來為所有的人物代表牌排列出彼此的關係，以「距離」跟「方向」來說。「距離」就是心理的距離，我跟誰比較靠近，誰跟誰比較疏遠。

「方向」是這個代表人物會面對哪個方向。以療心卡來說，因為圖像上有人物，就有身體頭腳的概念，頭在上腳在下的方向來界定這個人物會面對哪裡。

方向的意義在於，如果個案把兩張牌排得很靠近，但兩個人卻是背對背的，就可以看出這兩個人關係的樣貌。

全部的牌卡都排列好之後，可以跟個案有所對話。甚至，工作者可以透過這樣的排列，很容易看到個案的家庭動力與關係。

再來，可以詢問個案：想不想改變？如果想改變，想如何移動這些人物？

也許他會希望父母靠近一點，也許他會想要離誰遠一點，但要注意，若個案只移動他人，自己卻不調整，工作者就需要再澄清並強化個案的力量。

總之，透過動態的移動，牌卡可以呈現更生動的內在畫面喔！

問一個好問題

通常會使用牌卡的時機，很可能是在自己遇到困難、需要進行一些抉擇或心情混亂迷惘的時候，不免希望藉由牌卡給予自己一些指引或建議，甚至是關於未來事件的提醒。

所以可以這麼說，我們往往帶著問題來與牌卡相遇。無論是感情、學業、工作、人際關係、金錢、健康等，大大小小的問題，正因為當事人還不清楚自己的解答或不敢確認自己的選擇，便容易把自己的處境當作一個問題。而透過牌卡顯示出當事人心靈的面貌與圖像，與其說是牌卡提供答案，不如說是當事人發現了解鎖的鑰匙。

但以牌卡的運作來說，通常一次的洗牌抽牌，只能問一個跟自己相關的問題。所以，如何界定問題、如何發問，就會影響之後解牌的發展與結果。

究竟如何問一個好問題呢？或者什麼樣的問題適合使用什麼樣的牌卡呢？

以我對各式牌卡的認識與了解，塔羅牌跟主題卡，如：OH 卡、療心卡等，因為其牌義的詮釋較為多元，所以適合探索各種問題。問問題的方式可以採開放式，也可以採封閉式。

假設最近的感情不太順利，雙方的關係有一些衝突，我可以用開放式的問法，如：我們目前的關係如何？未來可能的發展是？我要如何因應跟面對？

雖然已知感情不睦，但透過牌卡往往可以顯示出更深層的狀態。也可以說，正因為牌卡可以帶給我們不同的洞見，促使我們找到另一種出路。

我也可以運用封閉式的問法，就是透過牌卡來認識一些特定的選項。

以上述的例子來說，我可以問：我適合跟他討論目前的關係嗎？如果我們分開一段時間，會不會比較好呢？如果牽涉到選擇 A 或 B 的問題時，也可以各自針對其選項抽牌，再來比較其狀態與結果。

比較不適合的問法包括：

他是怎麼想的呢？因為抽牌者不是他，無法精準地反應對方真實的想法。

我應不應該跟他分手？關於是與非的問題，會容易造成解牌的阻礙。比較適合的問法是：如果跟他分手，會如何？如果繼續交往又會如何？

一個好問題可以幫助我們在抽牌之後，更容易明白牌卡所透露的訊息，也更容易加以解讀跟詮釋，自然也就容易找到答案。

而市面上還有另一種牌卡，就是正向卡，如：天使卡、漣漪卡等等，這些牌卡的每一張牌義都是正面的，所以問法也不同喔！

可以這麼說，正向卡其實比較不適合探索問題，而適合直接給予問題的指引。

如上述的例子，可以直接透過天使卡來詢問：那麼，我可以怎麼做來促進彼此的關係呢？也就是如何正向地解決其問題。

當然，問問題的方式有很多種。

無論是自己抽牌或是幫別人解牌，在一開始如果可以先了解問題、澄清問題、界定問題，都可以讓之後抽牌與解牌的歷程更加順暢，也就不會常常發生抽牌的牌卡跟自己的問題搭不上線的狀況。

所以重點不在於一個好的答案，而是一開始如何問一個好的問題。

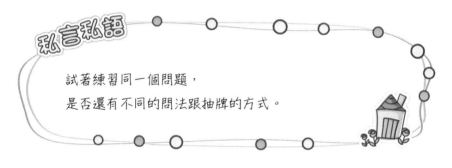

私言私語

試著練習同一個問題，
是否還有不同的問法跟抽牌的方式。

Memo

解牌前的等候

　　在機構邀約中，有時會帶領半天的心靈牌卡體驗研習。在短短的三小時，我會以漣漪卡、OH 卡、療心卡及天使卡作為媒材，讓成員可以一次體驗不同的牌卡。

　　對很多人來說，可能都是初次的接觸。

　　由於參與的對象多半是學校老師或助人機構的工作者，所以一開始，我總會先談到牌卡在輔導工作上的運用心態。

　　既然是透過心靈牌卡來作為輔導的媒材或工具，與占卜的目標就大不相同。

　　除了澄清這個部分，也引導成員可以更多透過自己的心與直覺來體驗，而非藉由理性的分析來理解。

　　雖說不以占卜為目的，牌卡依舊可以準確地反映當下的心理狀態，所以，運用這樣的工具總是帶來驚喜與好奇。

　　但有趣的是，一旦成員開始領略了牌卡的有趣奧妙，不免又會不知不覺地以占卜式的思維期待來提問。

　　比如：當我邀請成員藉由牌卡來探索一個最近生活的困擾或主題時，很多人還是會詢問關於未來的選擇。

　　無可厚非地，一般人難免希望趨吉避凶，希望知道自己該如何決定何去何從。尤其在面對未來的不確定與未知，更希望可以有一些方式提早知曉生命的藍圖。

　　又比如：當我在示範一對一會談時，可能會使用兩套不同的牌卡來進行，就會有成員詢問：那是不是哪一套比較準確？

　　但對我來說，每一套牌卡都會準確地反應不同的心理樣貌。所以不是哪一套準，而是當事者跟帶領者之間的互動對話。

　　又或者：已經說明 OH 卡是一套沒有固定正確牌義的圖卡，成員還是會期待老師的解讀。

或者就算不是 OH 卡，成員依舊期待被解牌，而非自我探索。

解牌是一個歷程。

對以占卜為目的的狀態來說，解牌可說是很重要的階段。

但對於以輔導為目的，我反倒覺得，助人者可以更有覺察及學習引導與等候。

因為若以輔導為目的，牌卡就是一面鏡子，一把可以打開個案心靈大門的鑰匙。重要的不是牌卡顯示出什麼樣的結果，而是在會談的歷程中，如何讓個案更懂得自己，更願意為自己負責，激發屬於自己的力量。倘若把重點放在解牌，那麼就是以為牌卡有更高的力量，也會容易強調助人者比個案更清楚事情的發展。

當然，助人者通常會比個案更瞭解牌卡的意涵 (如果是有牌義的牌卡)。

重點是，透過牌卡來進行輔導的目的為何？

即便助人者更清楚牌義，但如果是把牌卡作為助人的媒介，那麼，更重要的是如何引導個案透過牌卡來進行自我探索，甚至是自我療癒。

當個案渴望我們解牌時，我們能夠忍住不解嗎？

如同當個案渴望我們給予一個明確的答案或建議，我們能夠忍住不說嗎？

我們能夠相信個案可以自己決定？或者不掉入為他負責的陷阱嗎？我們能夠看到個案自己的力量，而非被個案催眠：以為他是受害者，而我們是拯救者嗎？

引用一段 389 期張老師月刊中的報導，這篇文章的主題是在訪問戲劇治療的開山鼻祖之一羅伯特‧藍迪，其中有一段是這麼說的：

思考如風迅速的他，年輕時經常覺得對個案的問題了然於心，後來才意識到，那種瞭解，充其量只是一種自我中心的展現，以為「我知道的比案主更多！」而已。但真相是「如果案主不知道，不願意說出來，治療師是不可能知道的。」治療的效果是：「因案主有所體會，從中找到改變的動力」。

所以，套回心靈牌卡在輔導工作上的運用，助人者固然可以透過牌卡來瞭解個案的問題，但那只是片面的一廂情願，畢竟牌卡真正的意義是要回到抽卡者的生命脈絡，而牌卡的療效是需要個案找到自己的力量。

正因為牌卡以很有趣又隱諱的方式反映抽卡者的心理狀態，而可以作為輔導的媒介。但也因為如此，助人者更要留意其運用的方式。

解牌是一個歷程。

在助人者解牌前，可以更多地引導個案去看、去想、去感覺，等候個案自己找到答案，等候他願意打開心中的大門，等候一段探索與發現。

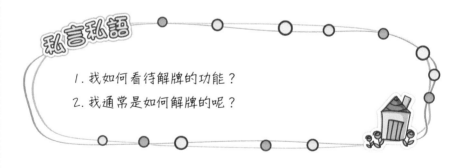

私言私語

1. 我如何看待解牌的功能？

2. 我通常是如何解牌的呢？

學習牌卡金三角

究竟要如何學會透過不同的心靈牌卡來進行助人工作呢？

我覺得除了學會運用某一種牌卡，還要加強自己對於人的認識，但可以繼續幫助自己拓展的則是要增進對自我的認識與覺察。

畢竟在這個歷程中，除了來談者，另一位重要的角色就是解讀者自身。

所以，在三角形的左右兩邊分別是對牌卡的認識以及對人的認識，在這兩個基礎下，能夠整合的是解牌者對自己的認識。

以一般的專業輔導人員來說，由於受過相當的訓練，他們的優勢多半在於對人的認識。

無論是透過心理學、社會學或其他相關的理論以及實習、工作的實務經驗，都累積了他們對於人的瞭解。

關於人為何會受苦，心理的機制為何，如何可以改變，有哪些治療的方式等等。

所以對於專業的助人者來說，要先加強的是對於某一種牌卡的認識與運用，以及如何在自己目前的工作場域中使用牌卡。

而對於一般先從牌卡學習入門的朋友來說，學會一種牌卡是不夠的。若想要增進自己解牌的能力，一定要多充實對於人的瞭解。否則有可能很會看牌面解牌，卻解不到對方的心。

還有另一種人是屬於對自我覺察度較高，對於身心靈的成長有所修練者。他可能不按牌理出牌，不一定受過牌卡精密的訓練，卻

可以在當下看懂對方的需求及解決之道。但太過重視直覺，忽略對方的回應，也可能顯得過於自大獨斷。

這三個角若單獨存在，就會發展出不同的風格。

對牌卡有較多認識者，可能會容易以占卜分析的型態來助人。由於對牌卡較為熟悉，就容易以牌解人。但有些喜歡算命問卜者，確實寧可得到占卜師肯定的回應。

而對人有較多認識者，可能一開始不熟悉牌卡的好用之處，或者對於看不見，無法以理性理解、科學驗證之事抱持存疑，某個部分會容易失去以整體來看待一個人，而習慣用問題或病理模式來加以應對。

至於對自己有較多認識者，無論是否有特別的潛能，重點在於心思是否純正，是否願意先面對自己、清理自己、轉化自己。

無論是從哪一個方向開始入手，能夠平衡地發展這三個部分：好好學習一種牌卡，增進對人的瞭解、拓展對自己的覺察，我覺得是想要真正學會牌卡助人者，不妨參考的指標。

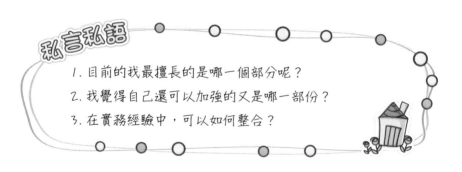

私言私語

1. 目前的我最擅長的是哪一個部分呢？

2. 我覺得自己還可以加強的又是哪一部份？

3. 在實務經驗中，可以如何整合？

不同牌卡的投射作用

以牌卡做為輔導的媒材工具，不免會被視為是一種投射測試。

什麼是投射呢？

在心理學上說的是：個人把自己的思想、態度、願望、情緒或特徵等，不自覺地反應於外界的事物或他人的一種心理作用。

而藉由這樣的作用，就可以運用一些沒有規則的線條、有意義的圖片、未完成的句子、故事的開端等方式，讓個人在這些模糊的媒介中，發揮自己的想像力，其結果往往便會表現出自己真實的內在感受、需要、個性、情緒、動機、衝突、防禦等心理內容。

但，我會覺得，不同的牌卡，其投射的意義與深度是不同的。

我以三種牌卡及圖片來說明：塔羅牌、療心卡、OH 卡。

若以適合投射的深度來看，OH 卡算是最具投射意涵的牌卡，因為其原本的設計就是沒有固定正確的意思。每一張圖卡又以水彩的筆觸，讓圖像不那麼明確。而字卡配上圖卡，又可以有各式各樣的解釋。

但相對地，塔羅牌的投射意味是最輕淡的。

主要是，塔羅牌原本就有屬於每一張的牌義。圖像的內容也包含著跟牌義有關的象徵及隱喻。

固然作為輔導媒材，還是可以請個案說出自己看到牌卡的感受及聯想。但我會尊重及保留這張牌原有的意思。

而療心卡，則是介於這兩者之間。雖有固定的牌義，但也可以讓抽牌者自由聯想，拓展與自己更深的連結。

所以，因為牌卡設計的初衷不同，在輔導歷程中，究竟要如何運用抽牌者的投射作用，是工作者可以好好去深究的。

當然，也可以一開始就界定：我這次使用這副牌卡的目標是為了純粹當做投射的工具還是為了潛意識的深層探索。

若是作為投射的工具，塔羅牌自然也可以不管其原本的牌義，而視為圖像豐富的媒材。

但，若是這樣，我倒也覺得，更適合的方法是讓個案用打開牌、選牌的方式來進行，而非蓋牌抽牌。

當可以看到每一張牌的畫面，而來選擇時，必然已經發生內在投射的歷程。

相對地，若是用抽牌的方式，固然打開牌之後，還是會有自己的聯想，但為何是抽到的這一張可以來說明自己的問題呢？

這背後總還牽涉到抽牌神準的奧妙。

簡單來說，牌卡自古以來被視為占卜的工具，並在抽牌的歷程中顯示出其趣味。

若做為輔導的投射媒材，其重點就不在工作者的解牌，而是引導個案說出其所看到、所聯想的。但工作者要如何透過其投射的歷程來深入了解個案，與其說是客觀的、可分析的，不如就是做為建立關係、易於談論內在世界的媒介。

當然，若能了解不同牌卡的運用特色，就更能找到適合自己也適合個案的牌卡囉！

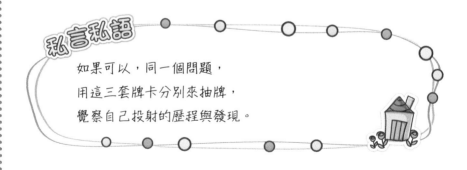

私言私語

如果可以，同一個問題，
用這三套牌卡分別來抽牌，
覺察自己投射的歷程與發現。

拓展與深化牌卡的訊息

在工作坊中，對於初次接觸牌卡的夥伴，我都會開玩笑地問：什麼樣的人最會使用這種工具？

答案是：最會牽拖(請用台語發音)的人。

用比較學術的說法是，最有想像力、創造力的人。

也就是當你不拘泥在所謂正確的解牌，把牌卡當作助人的對話媒材，除了知道原本的牌義，還能跳出一般的框架，從圖像或文字找到更多的線索訊息，那麼，也就可以延伸出更多的可能性與解答。

當然一開始，還是需要按部就班的學習，至少要先熟悉一套牌卡。

接著，透過更多的練習與經驗，透過更多在當下的放鬆與覺察，就可以開始變化使用的方式，讓牌卡更靈活地成為你的助手。

也可以透過跟自己的對話來加強這樣的歷程。

而在自我的運用上，可以加入時間的元素。

也就是讓牌卡的訊息留在你心底，也許當下無法產生更多的聯想，畢竟自己解牌難免有一些盲點，但經過一段時日，就像一顆種子，隨著節氣發芽開花，牌卡也會展現出不同的內涵，指引你發現不同的出路。

以我最近的例子來說。

我為自己開課的工作坊抽牌。

將療心卡的滋養組與陰影組混合抽卡，分別抽到滋養組的「感性」、「耐心」與「獨處」。乍看之下，我比較了解「耐心」這張牌。

我的解讀是，不用擔心報名狀況，要有耐心地等候，時間到了，自然會有成果。

但另外兩張，一開始，我其實不太明白。

我對「感性」的解讀是，是否要用更感性的方式來推廣？

不過說實在，我其實也不懂招生，就是一步一步地把大致該做的完成：確定主題、時間、內容、報名表，其他的，並沒有多做太多。

後來，我把這一張跟「獨處」一起解讀，其實，我只要做自己就好，跟自己有更多的相處，更溫柔地對待自己，持續寫文章與分享。若以招生來說，自然就會吸引共同上課的夥伴吧！

但過幾天，我對「獨處」又有別的詮釋。

對我來說，自立自強是一種能力，也是一種陰影。所以，獨處是否也反映了另一面，就是我需要更多與人的連結。

而同樣地，「感性」這一張其實也可以對應到「理性」這一張。

重點不在於結果或正確的答案，而是探索與發現的旅程。

所以，在自我的練習中，無需要在抽牌的這一刻就解讀清楚，而是讓牌卡陪伴著你，慢慢地消化吸收。

拓展牌義與圖像的廣度，深化文字與圖像的深度，像編織一張心靈的網，聯想再聯想，牽拖再牽拖，盡量打開你心靈的視野，張開飛翔作夢的羽翼。

換個角度說，當我們抽牌時，可能處在某種困境，渴望指引。越能夠拓展深化牌卡帶給我們的訊息，也就是在打破我們原先看待問題的框架與角度，自然就能夠發現出路與解答。

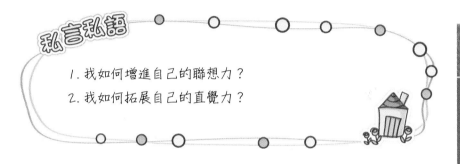

私言私語

1. 我如何增進自己的聯想力？
2. 我如何拓展自己的直覺力？

Memo

個案的回應是抽牌的一種對照

　　將牌卡作為輔導的一種媒材工具，我們關注的不只是個案抽到的卡片，更重要的是個案的回應。

　　其實從個案一開始如何問問題、如何抽牌，都是瞭解他的一種線索。

　　而更具意義的是，個案如何解讀及回應他所抽到的牌卡。

　　他對其牌卡的各種反應，都可以視為個案如何看待自己、看待問題，又是如何看待出路與解答，也可以作為評估其內在力量的參考。

　　就以簡單的表格來分享。

	個案的回應	
抽牌的結果	認　同	抗　拒
好	一：肯定	二：懷疑
壞	三：放棄	四：掙扎

　　如果使用的牌卡有所謂正面或負面的意涵，也就是所抽的牌卡會呈現較好或較不好的狀況，這時，可以看到個案如何回應其結果所反映的內在狀態。

　　其一是，如果抽牌的結果看起來是好的，而個案也認同牌卡所顯示的，那麼，就會強化個案的力量，帶來更積極的行動力。

　　其二是，但如果所抽的牌看起來是正向的，個案卻抱持著懷疑的態度，多少可以顯示出個案對自己的能力或事件，可能是沒有把握或悲觀的。

　　其三是，如果所抽的牌看起來不太好，個案也接受了，某方面是個案將自己的力量交託給牌卡，也就是個案不覺得自己可以改變或事件、環境可以改變。有點像是認命吧！

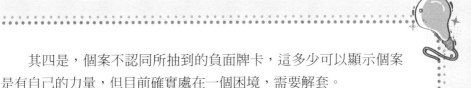

其四是，個案不認同所抽到的負面牌卡，這多少可以顯示個案是有自己的力量，但目前確實處在一個困境，需要解套。

當然，這是粗略的辨識。重點還是要回到個案是什麼樣的狀態，處在什麼樣的困境當中，我們又是如何透過牌卡來進行輔導工作。

在輔導的歷程當中，個案究竟將自己的力量交給了什麼？是交由牌卡決定嗎？是交由外在的事件或他人來左右嗎？還是交由助人工作者來評定呢？

而當我們試圖透過牌卡來進行輔導時，也不妨自問：我關注的是牌還是個案？我會將力量賦予牌卡還是個案，或是自己？

這也是輔導與占卜的不同。占卜師會透過牌卡來告知決定或未來的結果。

但助人工作者關心的是，牌卡是一面心靈的鏡子，個案是如何回應這面鏡子呢？我又如何透過這面鏡子幫助個案認識自己、找到力量與答案呢？

我的經驗與發現：

抽牌的結果是心靈的一面魔鏡

我一直很喜歡一位塔羅老師 Joan Bunning 所說的：「塔羅牌幫助你找出你真正相信的，好讓你能承認它。你意識到了你的無意識。塔羅是一面鏡子，將你自己的意識反映回去給你。」

我想，這段話，適用於任何的心靈牌卡。

無論是做為占卜、輔導、探索自我、一窺未來，對於一開始我們想要瞭解的問題，答案其實已在心中。

只是有時候模糊，有時候清楚，有時候需要更多的確認。

有趣的不只是抽牌的準確，而是我們如何看待抽牌的結果。

記得，牌卡不過是一種工具，做選擇、決定、行動及承擔結果的，還是抽牌的當事者。

且讓我來分享面對抽牌結果的不同心境吧！

抽牌的結果	我預設的結果	
	好	壞
好	一：祝福	二：指引
壞	三：提醒	四：警告

如果說，我們對於問題已經有某種方向的答案，那麼，簡單來說，就是好與不好。而抽牌的結果也是。

所以，當兩者對照時，就可能有四種情形。

其一是抽牌的結果如同我預設的好，那麼，牌卡會強化我正向的能量，成為美好的祝福與加持。

其二是當我以為問題會有不好的結果，牌卡卻顯示一個好的狀態時，其實就可以把牌卡當作一種指引，幫助自己朝著更好的方向前進。

其三是當我以為問題會有好的結局，牌卡卻顯示不好的回應

時，我當然也可以不理會牌卡的訊息，繼續做我要做的。或者，我可以把她當作是一種提醒，留意自己沒有想到的層面、放慢腳步等等。

其四是抽牌的結果如同自己認為的，並非是好的狀態，那麼，這就是一種警告，也是一種確認，可以格外留意問題的發展。

所以，如果是一或四的狀況，抽牌的結果無論好壞，都反映了我們心中的想像。這是一種當下的準確。

如果是二或三的狀況，當跟自己想像的不同時，就更加顯示出我們自己對於問題回應的能力。是要以牌卡為準嗎？還是要以自己為主呢？

其實，相不相信牌卡的結果，就是一種選擇與決定。

力量還是來自抽牌者。

所以，牌卡是一面魔鏡，她可能反映出你隱約知道的，也可能反映出你沒看到的。

重點是：你相信什麼，你要什麼，你願意付出什麼樣的行動。

這樣看來，無論抽牌的結果如何，都可以成為我們的力量與幫助！

我的經驗與發現：

牌卡與現實世界的對應

在牌卡教學課程中，曾跟學員討論到：是否所有的問題都需要抽牌？什麼樣的問題並不需要用到牌卡呢？

簡單來說：一種是慢慢問就還是會有答案的問題。另一種是現實中就有很多答案的問題。

比如：我想出國玩，需要抽牌卡嗎？可能先去找旅行社會比較快。或者：我要買房子，需要抽牌卡嗎？一樣也可以先查詢相關資料，找仲介，直接去看房子等等。

當然，有可能是現實中遇到困境，自己不知道該如何選擇或處理，這個時候，就很適合來使用牌卡

比如：我想自助旅行，也找了很多資料，但在某些細節被卡住了，或者明明是好事，卻有一些莫名的擔憂，都可以透過牌卡來找到方向，撥雲見日。

或者，我需要從幾間房子來做選擇，也可以運用牌卡來幫助自己釐清與探索。

其實，換個角度說，一般人在生活中的困擾，有一種就是對未知的疑惑。因為還沒發生，因為不知道會發生什麼，因為想要選擇更好更安全的，所以不免企圖透過牌卡來找尋答案。

這就類似占卜。

當然，另一種我常使用的，是把牌卡作為映照內心的明鏡。比較是在個案有心理上的困擾時使用，也試圖藉由對話的歷程來轉化內在的狀態。但當然，內在的困擾往往有外在事件的影響。

無論如何，若說牌卡是一面鏡子，那另一面鏡子其實就是現實世界，且是可以被看見，被知道，被經驗的，甚至會有一些較客觀

的資訊。

從澄清問題開始，其實都可以先去了解現實中發生了什麼，有沒有什麼已經確定或可查明的事情。

比如旅行，就一定有很多旅遊資料或他人的經驗或該旅遊地的相關規定，這些，並不需要透過牌卡來了解。

某部分，這些資訊的蒐集，也幫助我們更清楚個案準備到哪裡，或真正的困擾是什麼。

例如：假設想探索是否要換工作，那麼，究竟個案在職業轉換的歷程中處在什麼樣的位置呢？他只是考慮抱怨？還是真的開始搜尋可能的機會？還是已經投履歷或甚至面試過？還是在兩種新工作中不知如何決定？且換工作在現實中的影響跟考量是什麼？

這些澄清會幫助解牌者或助人者確立一個適合的好問題。

好問題確定後，再來抽牌，解牌與對話，都會更容易找到核心的答案。

但，解牌之後，可以怎麼做？做了之後又發生了什麼？這其實都跟現實世界有關。

當然，若比較屬於個案內在的困擾，可以透過療癒等各種方式來轉化內在的畫面、想法、感受。也許不見得是現實中發生了什麼，但調整過後，一定會在現實中產生不一樣的行動或影響。

若比較屬於占卜式的問題，更需要透過現實來印證或確認。

或即便是占卜式的問題，其實還是當事人自己決定採用哪一種方案，決定了方向之後，更需要去留意現實的回應。

現實生活，會以很明確的方式顯示答案。

例如：也許抽牌的結果是 A 棟房子比較好，但也要個案真的決定要買這棟房子。且決定之後，一定會有很多現實的程序，例如跟賣方的議價，銀行貸款，裝修，搬家等等等。而決定之後，就是要在現實中行動。但每一個行動，其實都會得到現實的回應。也就是，

順不順，通不通，可行不可行。

　　有時候在現實中會遇到瓶頸，這時候，要不要繼續這樣做？還是要再來抽牌？或者也可以重新詮釋當初抽到的牌，其中的核心都在於個案本身。

　　牌卡只是參考工具，個案還是可以有所選擇。

　　就好比，抽到不好的牌，若不能改變，那又有什麼用呢？或者抽到好的牌，也總要自己在現實中去把握。

　　牌卡可以很快地幫助我們看到內在的狀態，甚至是潛意識的訊息。

　　但真的要改變，要得到自己想要的，還是需要在現實中體驗與行動。

　　也許可以這麼比喻，現實就像一張張已經攤開的牌，攤開與否只是時機問題，但是否攤開這個面向，確實是個案的選擇。

　　所以，在還沒攤開之前，透過牌卡與對話，是在模擬與想像可能的狀態，或更清楚內在看不見釐不清的樣貌。

　　一旦內在清明，有所行動，現實就會有所回應，外在世界也得以開朗。

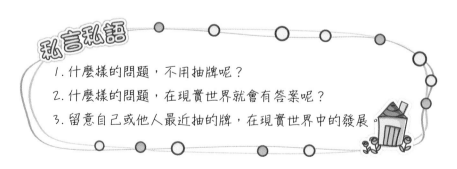

私言私語

1. 什麼樣的問題，不用抽牌呢？

2. 什麼樣的問題，在現實世界就會有答案呢？

3. 留意自己或他人最近抽的牌，在現實世界中的發展。

非自願性個案的牌卡運用

先前到國中帶領認輔志工的成長團體，主要是透過牌卡的學習來增進輔導的知能。

其一是使用療心卡，再來則是分享 OH 卡，也搭配了一些正向卡的運用。在學員的回饋中，又更多分享關於當來談的對象意願不高時，要如何運用牌卡一起工作。

確實，在學校的輔導對象中，有相當的比例是非自願性的學生，也就是可能透過導師或相關人員的轉介而來到輔導室，並非主動想要尋求輔導老師的協助。相信在其他的助人機構中，也可能遇到這樣的狀況。那麼，要如何透過牌卡，與非自願性來談的個案工作呢？

對我來說，一開始的重點其實是放在如何確認對方的需求，也就是可以針對對方真的覺得自己有需要的地方來討論。

很多時候，父母或老師覺得孩子某方面需要改善，但對孩子來說，他可能一點都不在意或並沒有感受到不好的影響。

倘若針對轉介的原因來工作，很容易在一開始就碰到對方的抗拒防衛，也不容易激發對方自我改變的意願。

所以即便是非自願性的個案，我好奇的是，對方對自己狀態的感受想法、他如何看待自己來輔導室、他是否有一些自己覺得需要協助的困擾。當然，這部分就先不多談。

倘若你遇到的對象不是自願來接受輔導的，在牌卡的運用上，就可以先改變一些方式，而不是一開始就進入提問抽牌的歷程。

有一些方式可以提供大家來參考。

首先，把牌卡放在桌上，你可以一邊洗牌一邊跟對方聊聊。

也可以把牌卡打開，讓對方可以看見牌卡的圖像與牌義。

倘若對方有興趣想要拿起牌卡，你就讓他自由地使用。

通常學生還是會很好奇的，即使他要把每一張都看過一遍或自己要拿手冊來對照牌義，你也可以用這樣的方式引發他的興趣。之後，如果他開始詢問一些問題，你就可以回應他。也可以邀請他用選牌的方式來分享。

例如當使用療心卡時，可以請他挑出最近的心情或他在意的這件事的狀態，也可以請他挑出關於某個主題所希望的結果。重點就是把牌打開，請對方自己來選擇。這樣的歷程雖然跟蓋牌的作用不同，但至少可以反映出對方心中的一些想法感受，也可以繼續透過牌卡來談話工作。也就是先讓他輕鬆地接觸這樣的媒材，等真的有意願，可以再運用蓋牌抽牌的方式，進行更深入的探索。

若是使用 OH 卡，因為張數較多，在圖卡的運用上，可以請他直覺地分成幾堆，如：我喜歡的、我不喜歡的、我不清楚的。

也可以根據需要的主題來設計分堆的方式。

若是使用塔羅牌，也可以只拿出 22 張的大牌就好，讓他直覺地挑出某一些在圖像上對他有意義的牌卡。

總之，最簡單的目標就是透過牌卡引發對方主動談話的意願。

那麼，無論是談什麼或怎麼談，都是好的。

至少，面對非自願性的個案，與其得到「我不知道」、「還好」的回應，牌卡可以成為互動的媒介與對話的平台。這小小的一步，卻可能促發對方自我探索的意願。而這就是一個好的開始囉！

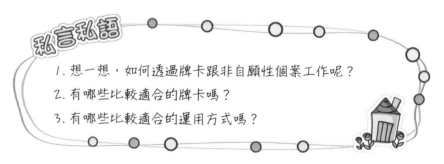

私言私語

1. 想一想，如何透過牌卡跟非自願性個案工作呢？

2. 有哪些比較適合的牌卡嗎？

3. 有哪些比較適合的運用方式嗎？

chapter 06

小團體的運用

∽ 小團體的運用 ∽

　　在帶領團體時，由於無法提供一對一精緻的陪伴，故如何透過牌卡來促進團體成員的熟悉，增進彼此的交流，並達到團體的目標，是帶領者需要先思考的方向。

　　可以這樣說，團體的設計是先考慮團體的主題、成員的屬性特質、團體的目標，再來選擇適合的牌卡跟運用的方式。

　　本書所分享的方法是一種參考。有時候，同樣的方法可以使用不同的牌卡。有時候，某一種牌卡會特別適合某一種方法或主題。

　　這些變化，需要帶領者先熟悉手邊的牌卡，並知曉如何帶領團體，自然就可以設計出貼近團體需求的運用。

　　而在團體的進行中，確實是可以透過牌卡當作進行的媒材，從結束到開始都加以運用。

　　簡單來說的流程就是：暖身、主題、祝福。

在團體的帶領中，可根據這三者來選擇適合的牌卡。

暖身跟主題可用同一套牌卡，重點是透過比較有趣的方式先來認識主題卡，再進行深入地探索。

或者暖身跟主題卡各不同，但有其一貫的脈絡讓成員可以循序漸進地學習或分享。

如：可以只使用 Fun 心福卡或漣漪卡的圖像那一面來進行暖身分享，再看團體的主題及目標來選擇適合的牌卡。

也可以用 Fun 心卡或 Dixit 來進行暖身，但同時使用此卡來進行主題探索。

以療心卡來說，暖身時可以玩故事接龍，探索主題時則可以讓成員分組抽卡。

而結束則可以使用正向卡來作為祝福。如：Fun 心福卡、天使卡、彩虹卡等。天使卡系列由於較為靈性，推薦使用守護天使卡、神奇精靈指引卡。

而以下的內容，我會以團體活動的主題、此主題可以選擇的牌卡、適合的人數時間以及進行的流程還有我的經驗來一一分享。

試著想像，就如同做菜。

做菜的方式有很多種，可以用紅燒、三杯、焗烤、油炸、清蒸等等調理方式。

做菜的食材也有很多種：豬、牛、羊、海鮮、蔬菜，甚至是水果。

烹調的方式就如同怎麼運用手中的牌卡。這是一門藝術。

而各種食材好比各種牌卡。這是一門學問。

有些方式適合各種食材。但有些食材就特別
適合某種方式。

烹煮的人必須懂得方法，也要懂得食材。

但如同第一次下廚的人，可以先選擇簡單的
方式跟容易處理的材料。

也許一開始都使用蔬菜類，但即便
是同一種食材也可以有不同的調理方
式。

如同牌卡。

即便手邊的牌卡不多，依舊可以變
化各種運用。

相對地，如果先熟悉手邊的材料，也就會知道這樣的食材適合
甚麼樣的烹調方式以及食用的時機。

有些適合當前菜，有些必然是主食，有些則適合做飯後甜點。

有些可生食，有些一定要煮熟，有些吃原味，有些是配料。
如同牌卡。

無論手中有甚麼牌，總要先了解這套牌的屬性跟特色，甚至是
她的限制。

這樣就會更清楚如何運用，適合甚麼對象或場合等。

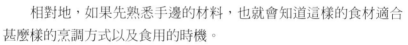

主題：自我介紹

媒材：漣漪卡或年輕人像卡或 Fun 心卡或說書人

適合人數：5~25 人

所需時間：10~20 分

進行方式：

1. 將牌卡有圖案的那一面朝上一一擺好。
2. 邀請每一位成員從所有牌卡中選擇一張，其圖像可以代表自己的某一個特質或個性。
3. 每位成員用手中的牌卡來自我介紹。
4. 團體帶領者可適時地回饋或總結。

經驗私房話

這是一個很適合一開始暖身的活動。

除了讓團體成員簡單地介紹名字，也可以透過牌卡來進行更有趣的自我介紹分享。

也讓成員除了言語的認識，也可以透過圖像來了解對方。

此外，若是選擇年輕人像卡或說書人時，因為牌卡張數較多，建議帶領者可以自行先選牌或抽牌，例如：從 77 張年輕人像卡抽 40 張，只使用這 40 張卡來讓成員選擇即可。

再者，也可以讓成員選兩張到三張來分享，只要牌卡數量及時間足夠。

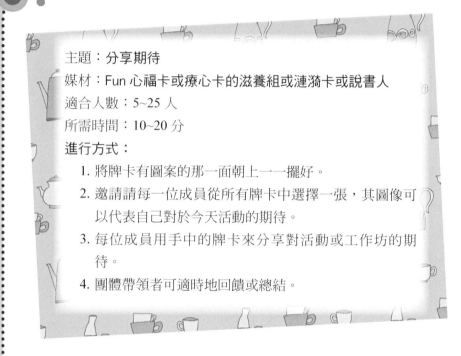

主題：分享期待

媒材：Fun 心福卡或療心卡的滋養組或漣漪卡或說書人

適合人數：5~25 人

所需時間：10~20 分

進行方式：

1. 將牌卡有圖案的那一面朝上一一擺好。
2. 邀請請每一位成員從所有牌卡中選擇一張，其圖像可以代表自己對於今天活動的期待。
3. 每位成員用手中的牌卡來分享對活動或工作坊的期待。
4. 團體帶領者可適時地回饋或總結。

經驗私房話

這是一個很適合一開始暖身的活動。

透過牌卡讓成員可以分享更多對活動的期待，帶領者也可以留意成員所選的牌卡，增進對成員的認識。

實際操作的經驗與發現：

主題：卡卡相印

媒材：Fun 心卡或療心卡的滋養組或漣漪卡或說書人

適合人數：5~25 人

所需時間：10~20 分

進行方式：

1. 將牌卡有圖案的那一面朝上一一擺好。

2. 邀請每一位成員從所有牌卡中選擇一張，其圖像可以代表自己對於今天活動的期待。

3. 每位成員拿著自己選的牌卡在團體的空間中走動，不說話，去找一位從牌卡的畫面上跟自己的期待相似的人。

4. 找到後，兩人一組用牌卡分享彼此的期待。

5. 結束後，回到大團體，兩人一組，分享剛剛的歷程。

6. 團體帶領者可適時地回饋或總結。

經驗私房話

　　這是一個適合暖身，促進團體成員互動的活動。

　　主題除了分享期待，也可以分享任何跟團體有關的事情。例如：最近的心情、對生涯或愛情的期待等等。

　　有趣的除了分享選擇牌卡的原因，另一個層面是可以看到成員如何透過圖像、非語言的資訊找到兩人一組的夥伴。這是帶領者可以幫助成員去認識自我與他人互動模式的一種活動。

主題：故事接龍一

媒材：療心卡（兩組混合）或 Fun 心卡或 OH 卡或說書人

適合人數：5~25 人

所需時間：10~20 分

進行方式：

1. 將牌卡有圖案的那一面朝下蓋住，洗牌後在桌布上攤開成一個扇形。

2. 邀請每一位成員抽一到三張牌 (張數是隨著團體成員的多寡來變化，團體成員少就多抽，團體成員多就抽少)。抽出的牌不可以打開來看。

3. 由團體帶領者也抽一張牌，打開後，用這張牌簡單地起一個故事的開頭。故事的設定可以切合團體的主題，例如是愛情故事或生涯故事等等。

4. 接著，由第一位成員打開手中的第一張牌，接續前面的故事。依照順序，所有成員都講完自己的第一張牌後，重新輪到第一位打開第二張牌，一直到所有的牌說完，結束這個故事。

5. 團體帶領者可針對大家完成的故事進行回饋。

經驗私房話

這是一個很適合暖身的活動。

透過故事接龍，可以營造歡樂的氣氛，也讓成員可以在有趣的情境中分享。

一方面，成員可以練習抽牌的連結，另一方面，團體帶領者也可以從每位成員的訴說中了解其狀態，並對整個團體的動力與氛圍有一個初步的認識。

實際操作的經驗與發現：

主題：故事接龍二

媒材：療心卡（兩組混合）或 Fun 心卡或 OH 卡或說書人

適合人數：5~25 人

所需時間：10~30 分

進行方式：

1. 將牌卡有圖案的那一面朝下蓋住，洗牌後在桌布上攤開成一個扇形。
2. 請每一位成員為自己抽三張牌，並依序打開來看。
3. 每一位成員可以按照抽牌的順序或者打開牌之後自己憑感覺換順序，但透過這三張牌要分享一個關於自己的故事。
4. 請成員在團體或小組中分享這三張牌的故事。
5. 團體帶領者可適時地回饋或總結。

經驗私房話

這是一個可接續大團體的故事接龍後更深化的活動。

大團體的故事接龍，主角不是自己。但這次要透過牌卡來說自己的故事，就會有更深入地分享。

有時候，團體帶領者可以依照團體目標設定故事的主題。有時候，也可以讓成員憑自己的直覺來聯想。

一般會抽三張，可分別代表過去、現在跟未來。但也可能三張分別代表不同的故事。總之，重點是邀請成員說出跟自己有關的事件或經驗即可。

此外，因為這個活動，每個人至少抽三張牌，所以要考慮牌卡
數量跟團體成員的人數。例如：八個人以上，就需要準備兩套療心
卡。

實際操作的經驗與發現：

主題：團體中的我

媒材：漣漪卡或年輕人像卡或療心卡或 Fun 心卡或說書人
　　　或塔羅大牌

適合人數：5~25 人

所需時間：15~30 分

進行方式：

1. 將牌卡有圖案的那一面朝上一一擺好。

2. 可先決定一個分享的順序，如從某一位 A 成員開始，
   請 A 成員選擇一張牌卡代表他在這個團體中的感覺、
   角色或能發揮的特質等等，並進行口頭的分享。分享
   完，再換下一位成員分享。也可視狀況，當主角說完
   後，請大家針對其分享，給予回饋。

3. 團體帶領者可適時地回饋或總結。

4. 這個活動也可以用抽牌的方式進行。抽牌方式可以是
   大家一起抽牌或一個人先抽牌，分享完後再由另一個
   人重新洗牌抽牌。

 經驗私房話

　　這是一個適合團體成員彼此已經有一些認識再進行的活動。

　　可視團體成員的熟悉度以及團體的目標來設計分享的題目。

　　選擇甚麼樣的牌卡也會影響所設計的問題。例如：42 張療心卡
可分享自己在團體中的心情或狀態。人像卡或塔羅大牌可分享自己
在團體中的角色。

重點是透過牌卡，讓成員分享對團體的感覺以及自己在團體中的定位等。須注意，團體成員的年紀與熟悉度會影響分享的深度。

此外，若是選擇年輕人像卡時，因為牌卡張數較多，建議帶領者可以自行先選牌或抽牌，例如：從 77 張年輕人像卡抽 40 張，只使用這 40 張卡來讓成員選擇即可。

再者，也可以讓成員選兩張到三張來分享，只要牌卡數量及時間足夠。

若團體成員太多，可分小組，每組一套牌卡，一樣可以在小組中進行。

延伸活動：

1. 成員都分享完之後，可以請每一位成員拿著自己剛剛所選的牌，用這張牌在團體中央找到一個擺放的位置。
2. 所有成員的牌都擺好之後，可看出團體的動力與成員之間的關係。可邀請成員分享或帶領者進行回應。
3. 也可再詢問成員，是否想要調整自己的位置，若要調整則再透過牌卡的移動來呈現。

實際操作的經驗與發現：

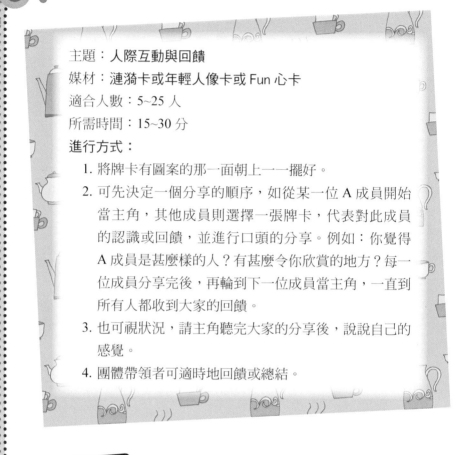

主題：人際互動與回饋

媒材：漣漪卡或年輕人像卡或 Fun 心卡

適合人數：5~25 人

所需時間：15~30 分

進行方式：

1. 將牌卡有圖案的那一面朝上一一擺好。

2. 可先決定一個分享的順序，如從某一位 A 成員開始當主角，其他成員則選擇一張牌卡，代表對此成員的認識或回饋，並進行口頭的分享。例如：你覺得 A 成員是甚麼樣的人？有甚麼令你欣賞的地方？每一位成員分享完後，再輪到下一位成員當主角，一直到所有人都收到大家的回饋。

3. 也可視狀況，請主角聽完大家的分享後，說說自己的感覺。

4. 團體帶領者可適時地回饋或總結。

經驗私房話

　　這是一個適合團體成員彼此已經有一些認識再進行的活動。

　　可視團體成員的熟悉度以及團體的主題來設計分享的題目。例如：如果是愛情團體，可分享如：你覺得主角在擔任愛人時可能有的正向特質等。如果是生涯團體，也可分享如：你覺得主角身上有哪些潛能等。

　　也可在團體結束時分享：你從主角身上學到甚麼等。

重點是透過牌卡，讓成員彼此回饋。故選擇的牌卡會以圖像為主，且分享的內容多與個人特質有關。

　　須注意，團體成員的年紀與熟悉度會影響分享的深度。

　　此外，若是選擇年輕人像卡時，因為牌卡張數較多，建議帶領者可以自行先選牌或抽牌，例如：從77張年輕人像卡抽40張，只使用這40張卡來讓成員選擇即可。

　　再者，也可以讓成員選兩張到三張來分享，只要牌卡數量及時間足夠。若團體成員太多，可分小組，每組一套牌卡，一樣可以在小組中進行。

實際操作的經驗與發現：

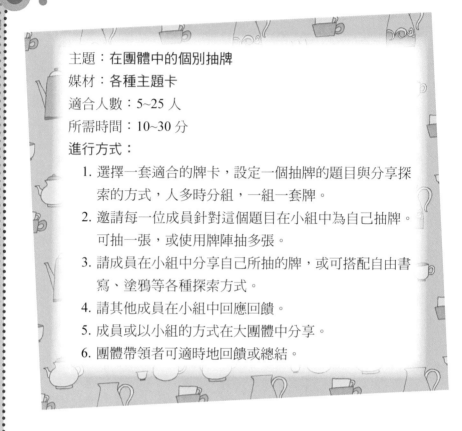

主題：在團體中的個別抽牌

媒材：各種主題卡

適合人數：5~25 人

所需時間：10~30 分

進行方式：

1. 選擇一套適合的牌卡，設定一個抽牌的題目與分享探索的方式，人多時分組，一組一套牌。
2. 邀請每一位成員針對這個題目在小組中為自己抽牌。可抽一張，或使用牌陣抽多張。
3. 請成員在小組中分享自己所抽的牌，或可搭配自由書寫、塗鴉等各種探索方式。
4. 請其他成員在小組中回應回饋。
5. 成員或以小組的方式在大團體中分享。
6. 團體帶領者可適時地回饋或總結。

經驗私房話

這是一個簡易的流程說明，重點是如何把一對一的方式放到團體中來運用。

記得，團體是較難透過帶領者一一解牌的，所以要設計按部就班的方式，讓團體成員可以順暢地連結自身與牌卡。

另外，就是多利用團體的動力，讓成員可以透過其他成員的回饋與陪伴來達到團體的目標。也因為如此，一開始在挑選適合團體主題跟成員狀態的牌卡就很重要。再者，就是設計什麼樣的探索方式效果會更好。

除了一張牌的選牌或抽牌，也可以隨著團體的深入，運用適合的牌陣，增加變化與趣味性。

例如：在以人際為主題的團體中，使用療心卡。

一開始可以邀請成員為自己想一個最近困擾的人際關係，接著把療心卡分成陰影組跟滋養組，請成員為這段關係各抽一張牌。

每位成員手上都有屬於自己的兩張牌，接著，可以用口頭分享或者進行更深入的自我探索之後再回到團體分享。

使用的方式跟一對一是相似的，重點在於如何在團體中抽牌與彼此分享回饋。

比較需要注意的是，沒有固定正確牌義的牌卡，如：Fun 心卡、OH 卡系列等，需要讓成員清楚分享的原則，也就是尊重抽牌者自己的解釋。即便是有牌義的牌卡，成員也無需幫他人解牌。

實際操作的經驗與發現：

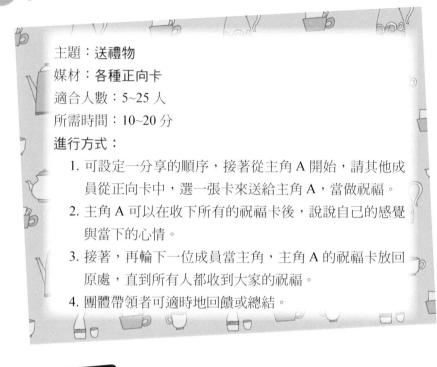

主題：送禮物

媒材：各種正向卡

適合人數：5~25 人

所需時間：10~20 分

進行方式：

1. 可設定一分享的順序，接著從主角 A 開始，請其他成員從正向卡中，選一張卡來送給主角 A，當做祝福。

2. 主角 A 可以在收下所有的祝福卡後，說說自己的感覺與當下的心情。

3. 接著，再輪下一位成員當主角，主角 A 的祝福卡放回原處，直到所有人都收到大家的祝福。

4. 團體帶領者可適時地回饋或總結。

經驗私房話

　　這是一個適合在團體結束時進行的活動，或是在一個主題分享後，大家都聽到彼此的事件遭遇經驗後，也可當作回饋的活動。

　　若人多，一樣用分組的方式進行，但每一組要有一套正向卡。

　　用選牌的方式，最好使用一些比較簡單的正向卡，也就是讓成員較容易選擇，才不會耗費太多時間。例如：療心卡的滋養組，字詞簡單，相對於守護天使卡兩三句的說明，就會讓成員比較方便操作。

實際操作的經驗與發現：

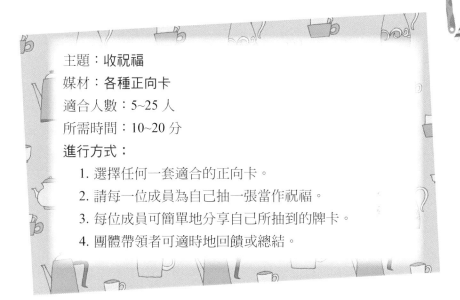

主題：收祝福

媒材：各種正向卡

適合人數：5~25 人

所需時間：10~20 分

進行方式：

    1. 選擇任何一套適合的正向卡。

    2. 請每一位成員為自己抽一張當作祝福。

    3. 每位成員可簡單地分享自己所抽到的牌卡。

    4. 團體帶領者可適時地回饋或總結。

經驗私房話

這是一個適合在團體結束時進行的活動，可當作結束時的祝福與禮物。

若人多，一樣用分組的方式進行，但每一組要有一套正向卡。

實際操作的經驗與發現：

chapter 07
塔羅牌的團體運用

塔羅牌的團體運用

塔羅牌算是最難學習與運用的牌卡，卻又是非常豐富又有趣的媒材，也是一般人比較容易接觸跟認識的牌卡。

因此，若以塔羅為主題來進行團體工作，通常可以吸引大家的興趣。

但問題是，要如何運用呢？

以小團體的工作原則來看，帶領者更要留意怎麼設計內容或方式，循序漸進地協助成員認識塔羅牌，透過塔羅牌來達成團體的目標，並減少成員要求一一解牌的狀況。

所以，通常，我會給每一位成員一份簡單的牌義說明，來協助他們更容易自行理解塔羅的牌義。

再者，每位成員手邊是否都能夠有一套塔羅牌來使用，也會影響活動的設計。

另外，可以善用塔羅的牌組，也就是分別使用不同牌組的方式，如只使用大牌或宮廷人物牌，協助成員更簡易順暢地運用。

最後，一定要善用口頭分享，自由書寫或塗鴉拼貼，讓成員個別與塔羅有所聯結與探索。

以下就分享塔羅在團體中的一些運用方法囉！

主題：自我介紹或分組

媒材：22 張大牌

適合人數：5~25 人

所需時間：10~20 分

進行方式：

1. 請成員從 0 ～ 21 直覺地選一個數字。
2. 選 0 號的成員一組，選 1 號的成員一組，但每組至少要有兩個人。有些號碼可能沒有人選，或若只有一個人，則請他到前一個號碼的組別。
3. 帶領者依號碼組別來給予相對應的大牌，如：選 0 號這一組就是愚人組。
4. 邀請每組成員可以透過這一張牌，來分享最近的自己或看到這張牌想到的生活事件。
5. 帶領者可以個別在小組中聆聽跟回饋。

經驗私房話

也可以只是使用大牌的 0 ～ 10 號牌，依需要，第二回合，再使用 11 ～ 21 號牌，讓成員可以透過這樣的方式分組跟分享。

另外，也可以任意給予分享的題目，把塔羅大牌視為投射的圖像，而不強調解牌。

主題：主題分享
媒材：22 張大牌
適合人數：5~12 人
所需時間：10~20 分
進行方式：

1. 把 22 張大牌，圖案朝上，放在團體中央。
2. 請每一位成員依照帶領者所設定的主題，來選一張相對應的牌，例如：最近的心情，對生涯的期待，目前的人際關係等等。
3. 請成員透過自己選擇的牌卡來分享題目。分享的順序可以按照大牌的 0～22 號，會格外有一種團體的趣味。如果有兩個人都選中同一張牌也沒關係，輪流分享即可。
4. 帶領者可以在成員分享後，簡單說明一下這張牌的牌義，也可適時地給予回饋。

經驗私房話

　　透過選牌來搭配簡單的分享，是一開始協助團體成員認識塔羅的一種方式。當帶領者可以適時地介紹每一張牌時，也讓成員對塔羅有一個初步的印象。

主題：故事接龍一

媒材：22 張大牌

適合人數：5~18 人

所需時間：10~20 分

進行方式：

1. 將塔羅大牌有圖案的那一面朝下蓋住，洗牌後在桌布上攤開成一個扇形。

2. 請每一位成員抽一張牌，抽出的牌不可以打開來看。

3. 由團體帶領者也抽一張牌，打開後，用這張牌簡單地起一個故事的開頭。故事的設定可以切合團體的主題，例如是愛情故事或生涯故事等等。

4. 接著，由第一位成員打開手中的第一張牌，接續前面的故事。依照順序，一直到所有的牌說完，結束這個故事。

5. 每說完一張，帶領者可以把大牌放在自己前方，也就是最後大家可以看到這個故事的發展。

6. 最後，由帶領者針對大家完成的故事進行回饋並簡單說明牌義。

經驗私房話

這是一個適合一開始協助成員暖身與認識塔羅的活動。

雖然是抽牌，但因為是故事接龍，比較不需要解牌。但帶領者可以根據成員對牌的反應，適時地給予回饋並說明牌義，以增進成員對塔羅的認識。

主題：故事接龍二

媒材：22 張大牌，每人都有一套塔羅牌

適合人數：5~12 人

所需時間：10~30 分

進行方式：

1. 請每位成員拿出自己手中的 22 張大牌，將有圖案的那一面朝下蓋住，洗牌，為自己抽三張牌。
2. 開牌後，每一位成員可以按照抽牌的順序或者打開牌之後自己憑感覺換順序，但透過這三張牌要分享一個關於自己的故事。
3. 可以口頭分享，也可以用文字書寫。
4. 請成員在團體中分享這三張牌的故事。
5. 團體帶領者可適時地協助與回饋。

經驗私房話

這是一個可接續大團體的故事接龍後更深化的活動。

帶領者也可以依團體目標先設定故事的主題，例如：愛情故事或生涯故事等等。

但要鼓勵成員，這不是占卜預測，而是透過塔羅來發現自己的生命歷程。

當然，也可以利用過去，現在，未來三張牌的牌陣，但這時候要留意成員的未來牌，是顯示出正向的意圖還是較負向的狀態。

主題：團體中的角色

媒材：22 張大牌

適合人數：5~12 人

所需時間：10~20 分

進行方式：

1. 把 22 張大牌，圖案朝下，由帶領者洗牌，放在團體中央。
2. 請每一位成員為自己抽一張牌，代表自己在這個團體中的角色或功能。
3. 打開牌，請成員一一分享自己所看到與聯想到的。
4. 帶領者可適時地給予回饋。

經驗私房話

　　這個活動比較適合彼此已經熟悉的團體，也許有一些共同的任務或身份，故借塔羅大牌可以探索自己在團體中的位置。

　　但也因為如此，帶領者要更小心地引導與協助團體的進行。

實際操作的經驗與發現：

主題：選牌與抽牌

媒材：22 張大牌或四種元素的小牌或 16 張宮廷人物牌，
　　　每人都有一套塔羅牌或至少三個人有一套

適合人數：5~12 人

所需時間：20~30 分

進行方式：

1. 由帶領者設計跟團體主題相關的題目，並運用相對應
   的牌組來選牌跟抽牌。例如：若是人際關係的議題，
   就可以只使用聖杯組或宮廷人物牌。若是深度的自我
   探索，就可以使用大牌。

2. 一開始，帶領者也可以簡單地介紹這組牌。

3. 請成員先為這個題目選一張自己覺得符合心境或現
   況的牌，接著把這張牌放回去，洗牌後抽牌，打開
   牌。若跟剛剛選到的牌不同，再從牌組中把方才的牌
   拿出來。也就是，通常會有兩張，一張是選的，一張
   是抽的。可以說選的代表的是成員意識上的了解，抽
   到的則是潛意識的訊息。

4. 請成員分享這兩張牌所帶來的觸動與聯想。

5. 帶領者可適時地給予回饋或說明。

經驗私房話

　　透過同一個問題，選牌與抽牌，是一種很有趣的活動。可以讓
成員發現已知跟未知的自己或隱藏的面相。

主題：牌組的個別運用

媒材：22 張大牌或四種元素的小牌或 16 張宮廷人物牌，
　　　每人都有一套塔羅牌或至少三個人有一套

適合人數：5~12 人

所需時間：20~40 分

進行方式：

1. 由帶領者設計跟團體主題相關的題目，並運用相對應的牌組來抽牌。例如：若是人際關係的議題，就可以只抽聖杯組或宮廷人物牌。若是深度的自我探索，就可以抽大牌。

2. 一開始，帶領者也可以簡單地介紹這組牌。

3. 請成員為自己抽牌，打開牌，再一一分享自己所看到與聯想到的。

4. 帶領者可適時地給予回饋。

經驗私房話

　　透過相對應問題的設計跟牌組的抽牌，比起一開始就要抽 78 張牌，可以讓成員較容易學習如何跟塔羅連結。

　　也可以每一種牌組都設計一個簡單的相對應題目，這樣若是一天的工作坊，就可以讓成員藉此對 78 張牌有概略的認識。

實際操作的經驗與發現：

主題：人際互動或角色的探索

媒材：16 張宮廷人物牌，每人都有一套塔羅牌或至少三個人有一套

適合人數：5~12 人

所需時間：20~40 分

進行方式：

1. 只要是跟人際互動或角色有關的主題，都可以單獨使用宮廷人物牌來進行。

2. 一開始，帶領者可以簡單地介紹這組牌的元素跟人物。

3. 請成員設定自己跟另一個人，分別為自己跟這個人各抽一張人物牌。開牌後，帶領者可以先介紹簡單的比較方法，如：兩人的元素代表兩人可以如何溝通或在意的事件，兩張牌的角色大小可以看雙方的互動模式等等。再請成員一一分享自己所看到與聯想到的。

4. 帶領者可適時地給予回饋。

經驗私房話

　　也可以針對成員身上的角色一一來抽人物牌，來看自我的整合。這樣的主題抽宮廷人物牌是很貼切跟有趣的，也可以搭配療心卡來看關係與互動。

實際操作的經驗與發現：

主題：牌陣的運用

媒材：22 張大牌或四種元素的小牌或 16 張宮廷人物牌，
　　　每人都有一套塔羅牌或至少三個人有一套

適合人數：5~12 人

所需時間：30~50 分

進行方式：

1. 由帶領者設計跟團體主題相關的題目與牌陣，並運用
   相對應的牌組來抽牌。例如：自我關係牌陣，先請成
   員為最近的自己抽一張大牌，接著分別從四組小牌中
   各抽一張來探索自己的四個面向：生活（金錢）、感
   情（人際）、行動力、想法面。

2. 抽牌後，帶領者可以先說明一些解牌的原則，例如：
   先留意大牌，再注意四組小牌的數字，探索這五張牌
   有哪些相似跟相異之處。

3. 請成員為自己抽牌，打開牌，再一一分享自己所看到
   與聯想到的。

4. 帶領者可適時地給予回饋。

經驗私房話

　　這樣的玩法，需要有前面的暖身，也就是成員已經對 78 張塔
羅有一些認識後，就可以再透過牌陣的運用，加深探索的歷程。

　　當然，牌陣有很多很多，帶領者可以依據團體的目的跟主題來
選擇。但建議一定都要設計循序漸進的活動，而非一開始就使用從
78 張牌抽出張數多的牌陣。

心靈牌卡私房書

主題：書寫、塗鴉或拼貼

媒材：22 張大牌或四種元素的小牌或 16 張宮廷人物牌，每人都有一套塔羅牌或至少三個人有一套。信紙，原子筆或蠟筆，圖畫紙或剪刀，膠水，過期雜誌報紙，圖畫紙。

適合人數：5~12 人　　　　所需時間：30~60 分

進行方式：

1. 若是運用牌陣，也就是每個人手中不止一張牌時，除了讓成員口頭的分享，可以多加利用自由書寫或塗鴉或拼貼的方式來協助成員對塔羅的探索。

2. 自由書寫可參考前文介紹。

3. 塗鴉則需注意，每個人手中要抽幾張牌，會影響圖畫紙要八開還是四開，要用蠟筆還是色鉛筆。也可搭配所謂的心智圖創作。塗鴉的目的除了幫助成員透過圖像、顏色、簡單的符號象徵來探索這些牌對自己的意義外，也可以連結團體的目標來進行更深入的自我表達。

4. 除了塗鴉，也可以運用拼貼的方式來進行探索。例如：抽一張大牌代表可以給自己的力量，透過拼貼來強化跟發展這張牌對成員個人的意義。

5. 帶領者可適時地給予回饋。

經驗私房話

　　因為塔羅是最需要解牌的牌卡，即便當作投射牌卡來運用，成員很可能還是期待帶領人可以解讀。因此，就需要設計一些方法協助成員自行探索所抽到的牌卡。而文字跟圖像的闡述與呈現，是可以讓成員靜下來，好好跟自己在一起的方式。

chapter 08

班級課程的運用

班級課程的運用

在班級中運用牌卡或團體人數非常多的情況下使用時，有幾個需要先考量的重點。

通常因為人數多，不可能每個人一套牌卡，所以就需要透過分組的方式。分組的人數就要看手邊有多少牌卡的數量。

除了一組一套，更仔細來看是帶領者如何設計每個人運用的方式，也就是每個人要使用到幾張牌卡。例如：是每個人要抽三張卡，那麼，以一套 42 張牌的卡來說，最多 7 個人一組。若是一個人只抽一張，那麼最多可以 20 個人一組。

有時候，抽卡片的組別跟分享的組別不同。也就是若礙於牌卡數量不夠，可以在大組中抽牌後，再分小組來分享。

而在內容的設計上，帶領者需要先了解：因為人多，不可能一對一的解牌，也比較沒有時間讓每一個人都在團體中分享，所以就要善用小組的力量與運作。

另外，我也比較建議可以多使用文字書寫的記錄方式。也就是可以讓個人先與牌卡有自我的對話，再到小組的討論，最後甚至可以是在大團體中的報告。

另一個重點是，如何讓設計的活動可以達到課程的目標。究竟這是怎樣的課程？適合使用哪一種牌卡？又要用什麼樣的方式比較符合課程目標跟成員的需求？這些前置作業的選擇其實跟一對一或小團體的運用都相似，比較不一樣的就是如何在人數更多的情況下來操作。

再者，帶領者在設計上也可留意，若這是連續性的課程，一開

始可透過比較有趣跟先讓成員認識熟悉牌卡的方式來進行，也就是更結構或要由帶領者設定主題的方式。等成員都認識牌卡後，再讓成員可以自己設定想要透過牌卡探索的問題，才不至於造成成員可能很希望帶領者解牌的情況。

　　簡單來說就是，帶領者要設計一些方式，讓成員可以透過牌卡，自行或在小組中探索跟分享，而不是要帶領者一一說明。
　　所以，清楚的指示跟步驟，有結構的課程設計，就很重要。

　　當然，不見得一整節課都要使用牌卡。也許只是暖身開場的運用，或只是結束時的分享。總之，把牌卡當作一種教學的媒材時，一樣可以發想各種運用的方法。

　　以下，我就以療心卡為例，分享如何在高中的相關課程中使用。

療心卡課程教案：以高中相關課程為例

教案名稱：美夢成真
適用課程：生涯規劃－生涯發展
目標：

1. 透過療心卡引發學生探索生涯目標的興趣。
2. 藉由療心卡協助學生探索生涯目標的不同面向與實際的做法。

進行內容：

1. 老師針對生涯目標進行引導說明。
2. 請學生先在學習單上寫下自己的生涯目標。
3. 針對此一目標的問題層面，請學生先從 21~40 為自己選一個數字。
4. 老師簡單說明這陰影組二十張牌的意思〈若有號碼無人選擇，可直接跳過〉。
5. 學生書寫學習單。
6. 針對如何支持自己完成目標，再請學生從 1~20 為自己選一個數字。
7. 老師簡單說明這滋養組二十張牌的意思〈若有號碼無人選擇，可直接跳過〉。
8. 學生書寫學習單。
9. 兩人一組分享。
10. 教師結語。

媒材：療心卡、學習單

1. 我的生涯目標是:

2. 我選到的陰影組牌卡是:

3. 我覺得這張牌卡的意思是:

4. 這張牌卡跟我的目標的關聯是:

5. 這張牌卡提醒我要注意的是:

6. 我選到的滋養組牌卡是:

7. 我覺得這張牌卡的意思是:

8. 這張牌卡跟我的目標的關聯是:

9. 這張牌卡可以如何支持我的目標:

10. 為了完成我的目標,我現在可以做的是:

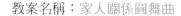

教案名稱：家人關係圓舞曲
適用課程：生涯規劃－生活角色
目標：

1. 藉由療心卡協助學生探索與家人的關係。
2. 透過療心卡，協助學生找到與家人互動的方式。

進行內容：

1. 老師針對本課程活動進行引導說明。
2. 將全班分為五組，每一組使用一套療心卡。
3. 請各組把療心卡的兩組牌卡分開。每人先想一個家人，先抽一張陰影組的牌卡，再抽一張滋養組的牌卡。
4. 在學習單上，隨意擺放這兩張牌卡，以心智圖、自由聯想、繪圖，探索這兩張牌卡與家人的關聯。
5. 兩人一組分享此歷程。
6. 各組討論與家人相處的方法。並請代表上台分享。
7. 教師結語。
8. 當然，也可以運用此教案探索各種人際關係。

媒材：療心卡、學習單、蠟筆或色鉛筆

學 習 單 範 例

1. 我想探索的家人關係，對象是：

2. 我抽到陰影組的牌卡是：

　　　　滋養組的牌卡是：

◆ 請在本頁，自由擺放兩張牌卡，為這兩張牌卡寫下或畫出任何
　你想到的內容。

教案名稱：宗教的光明與陰暗
適用課程：生命教育－宗教與人生
目標：

1. 透過療心卡的兩組牌卡，帶領學生探索宗教的陰影面與光明面。
2. 透過分組討論與心智圖分享，引導學生認識宗教的不同面向。

進行內容：

1. 先將全班同學分為五組，每一組推派一位代表。
2. 教師先將療心卡的陰影組與滋養組的兩組牌卡分開，並可針對宗教的相關主題進行引導說明。
3. 請每組代表先來台前為自己這一組抽一張陰影組牌卡，來探索宗教的陰暗面。
4. 每組進行學習單的討論與書寫。
5. 請每組代表再來台前為自己這一組抽一張滋養組牌卡，來探索宗教的光明面。
6. 每組進行學習單的討論與書寫。
7. 每組派代表上台分享學習單的內容與討論的結果。
8. 教師結語。

媒材：療心卡、學習單、蠟筆或色鉛筆

1. 我們這一組抽到的陰影組牌卡是:

2. 將這張牌放在學習單的中間,請大家腦力激盪,寫下或畫出你
   覺得關於宗教的陰暗面。

3. 我們這一組抽到的滋養組牌卡是:

4. 將這張牌放在學習單的中間,請大家腦力激盪,寫下或畫出你
   覺得關於宗教的光明面。

教案名稱：自我探索與人生意義

適用課程：生命教育－人格統整與靈性發展

目標：

    1. 藉由療心卡的滋養組協助學生自我認識。

    2. 透過療心卡，協助學生探索自己的人生使命與價值觀。

進行內容：

    1. 老師針對本課程活動進行引導說明。

    2. 將全班分為五組，每一組使用一套療心卡。

    3. 請各組只要拿出療心卡的滋養組牌卡〈1 至 20 及 41 號牌〉，並打開在桌面上。

    4. 每人選出自己最看重的五張牌，排序，書寫學習單。

    5. 於小組中分享自己的答案。

    6. 各組派代表上台分享每位成員最重要的一張牌。

    7. 教師結語。

媒材：療心卡、學習單

1. 我看重的生命元素有：

2. 排序的結果依序是

排序一〈寫出牌義〉，對我來說的意義是

排序二〈寫出牌義〉，對我來說的意義是

排序三〈寫出牌義〉，對我來說的意義是

排序四〈寫出牌義〉，對我來說的意義是

排序五〈寫出牌義〉，對我來說的意義是

3. 我為何這樣排序：

心靈牌卡私房書

教案名稱：愛情故事三部曲

適用課程：護理－性教育

目標：

1. 藉由療心卡協助學生探索愛情的不同面貌。

2. 透過分組討論，協助學生發現愛情的不同面向。

進行內容：

1. 老師針對本課程活動進行引導說明。

2. 將全班分為五組，每一組使用一套療心卡。

3. 請各組把療心卡的兩組牌卡混合洗牌，每人抽一張。每人用自己抽到的牌卡輪流說幾句話來完成一個愛情故事。

4. 每組派一代表上台分享其愛情故事。

5. 各組進行學習單的書寫與討論。

6. 再派一代表上台分享討論的結果。

7. 教師結語。

媒材：療心卡、學習單

1. 我們的愛情故事是

2. 從這個故事中，我發現

(1) 兩人會彼此吸引的原因可能是

(2) 我會受到另一個人吸引的原因是

(3) 兩人在相處時可能會面臨的問題是

(4) 我會如何面對這些愛情的困擾

(5) 兩人會決定分手的原因可能是

(6) 我又會如何面對分手的課題

08

班級課程的運用

心靈牌卡私房書・

教案名稱：壓力面面觀
適用課程：家政－壓力管理
目標：

1. 透過療心卡的兩組牌卡，帶領學生探索壓力的成因、影響與面對的方式。
2. 透過分組討論與分享，引導學生探索自身的壓力與找到抒壓的方法。

進行內容：

1. 先將全班同學分為五組，每一組推派一位代表。
2. 教師先將療心卡的陰影組與滋養組的兩組牌卡分開，並可針對壓力相關主題進行引導說明。
3. 請學生先分組討論最近自己的壓力來源，最後決定本組要探討的壓力主題，如：課業、人際關係。
4. 請每組代表先來台前為自己這一組的壓力主題抽一張陰影組牌卡。
5. 每組進行學習單的討論與書寫。
6. 請每組代表再來台前為自己這一組的壓力主題抽一張滋養組牌卡。
7. 每組進行學習單的討論與書寫。
8. 每組派代表上台分享學習單的內容與討論的結果。

媒材：療心卡、學習單

學 習 單 範 例

1. 我最近的壓力事件〈來源〉

2. 對我的影響

3. 我如何面對這樣的壓力

4. 我們這一組想要共同探索的壓力是

5. 我們抽到的陰影組牌卡是

6. 關於這張牌，跟壓力的關聯是

7. 我們抽到的滋養組牌卡是

8. 透過這張牌，我們可以如何因應壓力

班級課程的運用

 Memo

chapter 09
附　錄

❦ 附 錄 ❧

如何購買牌卡

可至遊藝心徑網站：http://www.heartcards.com.tw

1. 各種商品請參考「這裡有」，點選圖示後，會有詳細說明。
2. 欲購買者，請點選「這裡買」，並填寫線上訂購單。
3. 公費購買者，可提供免用統一發票之收據，並依流程核銷。

療心卡小檔案

適合年齡：4 歲到 99 歲

適合人數：1 人到 10 人 (一套牌)

適合對象：可看字、可看圖，對心靈探索有興趣者

適合主題：
1. 自我關係
2. 各種人際關係，如：朋友、戀人、夫妻、家人、親子、同事等
3. 各種抽象概念，如：金錢、健康、學業、事業、生涯等

適用場合：家人相聚、朋友相約、情人相會、同事相處、個別輔導、團體輔導、班級經營等

適合運用者： 對自我認識或關係議題有興趣，如：父母、夫妻等或老師、心理師、社工師、志工等助人工作者

使用方式：選牌或抽牌、個別或團體、或說或寫或畫

各界回饋：

前幾天買了療心卡
讓我非常驚艷
其實在這之前已經買了各種卡
像大天使、守護天使、花仙、獨角獸、美人魚
可能這些訊息都比較正面
用起來不是很順手
但用了療心卡後
發現陰影組及滋養組的設計很棒
因為事情不會只有好的一面，也會有壞的一面
兩組各抽一張，往往就有直指核心的感覺

~ 台北宏

療心卡是一套可深可淺的牌卡，在助人工作上，非常好用。

~ 台北蘇

謝謝詠詩老師的療心卡，
今天晤談讓學生抽卡，很有趣，學生也覺得很新鮮呢！

~ 台南倫

非常好的媒材:）最近想著生涯困擾，分別抽到迷惘跟美夢成真，
實在太神準了！能量滿滿耶！

~ 嘉義漫

療心卡是我目前最喜歡用的，陰影組幫助我們瞭解自己的盲點，滋養組告訴我們解決的竅門。

~台中宇

學生都很喜歡療心卡，我也會跟自己的家人一起玩耶！

~新竹吳

居然連續洗牌三次都抽到同一張卡，實在是太神奇了！

~高雄林

很喜歡周老師的溫柔跟用心，期待能夠繼續上老師的課。

~台北莉

老師設計的療心卡實在是太厲害了，我很喜歡手繪的感覺。

~台南如

Fun 心卡小檔案

內容：含 44 張圖卡及 44 張字卡及一張說明卡

牌卡特色：

1. 每一張圖卡都為將心擬人化的故事圖像，同一張字卡則有兩個相對應的牌義
2. 為國內專業輔導者周詠詩老師設計，市面上獨一無二
3. 適合發現各種可能，適合說隱喻故事，適合心靈成長，也適合遊戲互動
4. 可單獨使用圖卡，也可將圖卡與字卡搭配

適合年齡：5 歲到 99 歲

適合人數：1 人到 20 人 (一套牌)

適合對象：可看字、可看圖，對心靈探索及培養創意有興趣者

適合主題：

1. 自我認識
2. 各種人際關係，如：朋友、戀人、夫妻、家人、親子、同事等
3. 各種抽象概念，如：金錢、健康、學業、事業、生涯等
4. 各種問題或情境等

適用場合：家人相聚、朋友相約、情人相會、同事相處、個別輔導、團體輔導、班級經營等

適合運用者：對自我認識或心理相關議題有興趣，如：父母、夫妻等或老師、心理師、社工師、志工等助人工作者

使用方式：選牌或抽牌、個別或團體、或說或寫或畫

相關課程

詠詩老師開設的牌卡課程包括：

療心卡、Fun 心卡、知心卡、OH 卡、人像卡、塔羅牌，以及牌卡督導跟小團體帶領人等工作坊。另有身心抒壓，催眠冥想，脈輪花精天堂油，內在小孩，曼陀羅等身心靈成長課程。

歡迎揪團上課，也歡迎留意開課資訊。

個人網站：http://heartcard.weebly.com

各式牌卡簡介

除了塔羅牌以外的心靈牌卡，無論是外國牌卡的中文版，或是國人自製設計，或引進自國外，都在這幾年熱熱鬧鬧地開枝展葉。

所以，還有很多沒有寫出來的牌卡。

但就實務運用來說，並不需要那麼多的媒材，而是要找到適合自己跟好用的那幾套。

可以說，其他的就純屬收藏了！

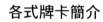 ◆投射卡◆

◆ 「OH 卡」：88 張的小圖卡與 88 張的大字卡，沒有固定牌義，完全視抽卡人的解讀與詮釋，可自創玩法。

◆ 「Cope 卡」（因應卡）：88 張圖卡，畫面以療癒相關的圖像為主，也是看抽卡者的詮釋與聯想，不過其中有 6 張手的圖像是表示克服相關的範疇：信念、愛、社會、想像力、認知、身體。

◆ 「Mythos 卡」（神話卡）：55 張圖卡，畫風有點超現實，適合說故事。

◆ 「SHEN HUA」（中國神話卡）：以中國古代的時空背景為其畫風及主題。

◆ 「SAGA」（英勇故事卡）：55 張圖卡，透過圖像去經歷故事、幻想、夢想、和魔術般的世界。

◆ 「ecco」（抽象圖卡）：99 張圖卡，為線條跟圖形、顏色的組合。

◆ 「1001」：55 張圖卡，就像一千零一夜的故事般。

◆ 「PERSONITA」（年輕人像卡）：77 張年輕人像卡加上 44 張的情況卡，可依人際互動的需要來設計玩法。

◆ 「PERSONA」（人像卡）：77 張人像卡加上 33 張的互動卡，可依人際互動的需要來設計玩法。

◆ 「TANDOO」（伴侶卡）：99 張圖卡加上 44 張路標卡，適合探索親密關係的互動。

◆ 「HABITAT」（自然環境卡）：88 張圖卡，描繪自然環境與人為的主題。

◆ 「MORENA」（土著卡）：88 張圖卡加上 22 張足跡卡，以土著生活為主題。

◆ 「QUISINE」（食物卡）：55 張圖卡，含 110 種食物。

◆ 另有幾套不同畫家風格的限量版圖卡。

◆ 「遊藝卡」：52 張圖卡，這套卡片是由台灣藝術治療學會與國立歷史博物館，合作發展出來的，以大師的名畫為主題，可以運用在藝術治療的工作上。

◆ 「Fun 心卡」：44 張圖卡搭配 44 張字卡，由國內周詠詩老師設計，類似 OH 卡的架構，卻更貼近本土的運用。

★ 天使卡 ★

★ 「大天使神諭占卜卡」：45 張圖卡，透過與大天使的連結，給予正面的祝福與指引。大天使卡的牌義較簡潔，但可以成為精神層面的引導。

★ 「守護天使指引卡」：44 張圖卡，透過與守護天使的連結，提供日常生活的建議。守護天使卡的牌義較繁多，可以在生活中付諸行動。

★ 「天使呼喚卡」：54 張圖卡，也是透過與天使的連結來做為指引。我喜歡這套卡的說明書，具有療癒的效果。

★ 「Self-Care Cards」（自我照顧卡）：52 張圖卡，英文版，畫風柔美，人物很像天使、精靈，也都帶來正面的引導。

★ 「神奇精靈指引卡」：44 張圖卡，與前兩套天使卡相較，提供的指引更貼近平日生活。

★ 「聖者天使神諭卡」：44 張圖卡，有來自神、聖靈、耶穌、數位聖者、大天使及守護天使的指引與訊息，牌卡上的牌義非常簡單，需要再詳閱手冊。

★ 「天使療癒卡」：44 張圖卡，有來自天使的祝福與指引。牌義與先前的天使卡有些不同，有更多關於天使療法及靈性治療的訊息。

★ 「指導靈訊息卡」：52 張圖卡，來自指導靈的指引，可參考「邀請你的指導靈」一書，先對指導靈有一些認識與瞭解。牌義簡潔，需再翻閱手冊。

★ 「神奇美人魚與海豚指引卡」：44 張圖卡，相似於精靈卡，提供貼近日常生活的指引與建議（中文版已絕版）。

★ 天使卡系列：還有女神神諭占卜卡、揚昇大師神諭卡、亞特蘭提斯神諭占卜卡、聖地國度神諭占卜卡、浪漫天使指引卡、靛藍天使指引卡等。

▲ 正向卡 ▲

▲ 「漣漪卡」：第一套綠盒，48 張圖卡，可愛畫風，每張背面都有正面語句，以肯定自己為主。第二套橘盒，48 張圖卡，以關注他人為主，背面亦有正向的肯定語句。感覺第一套是蠟筆塗鴉的孩童版，第二套則像是壓克力顏料塗鴉的成人版，背面的語句也都不同。

▲ 「Juicy Living cards」（多姿生活卡）：50 張圖卡，英文版，七彩手繪風，圖像與文字都可以增添生活的樂趣。

▲ 「The Mastery Of Love」：48 張圖卡，英文版，也是非常可愛的畫風，帶來正面溫暖的訊息。

▲ 「彩虹卡」：245 張圖卡，以脈輪為主題，提供正向的肯定語句。

▲ 「Fun 心福卡」：44 張圖卡，圖像為把心擬人化的繪本風，每張背面都有正向語句。由國內周詠詩老師手繪設計。

🐦 ● 療癒卡 ●

- 「Soul Oracle Cards」(靈魂功課卡)：63 張圖卡，英文版，每一張卡片都是針對靈魂學習的建議與指引。所以除了正面的鼓勵，也會提醒要清除負面的模式。

- 「貝殼治療卡」：40 張圖卡，簡體版，正面是各種貝殼的彩色照片，背面則有相應的療癒訊息。

- 「內在小孩治療卡」：40 張圖卡，英文版，以內在小孩的療癒為主題，可搭配內在小孩花精。

- 「WISDOM FOR HEALING Cards」(療癒智慧卡)：50 張圖卡，英文版，畫風與原型卡相似，每一張卡片都是針對療癒的建議，卡片背面說明每一項強化個人力量的學習課題及目標。

- 「生命療癒卡」：50 張圖卡，中文版，畫風與原型卡相似，透過眾多神聖經典與偉大神祕主義者的教誨中選出的珍貴見解，增加個人對生命與身心的覺察觀照，作為每日靈性修持的提醒。正面有療癒的圖像及中英文語句，背面則給予一段說明及建議的圖卡。

- 「洞悉卡」：42 張圖卡，英文版，每張卡片都代表一種精油的心靈療癒能量，可作為芳香療法的參考。也有其他的精油卡。

- 「巴赫花藥卡」：38 張圖卡，為巴哈花精系統的卡片，卡片背面有針對每種情緒設計的正面語句。另有一套「The Healing Flower Color Cards」，為英文版的花藥卡，其中另有 39 張配合花精的靜心卡。以及其他系統的花精卡。

- 「彩油塔羅」、「Aura-Soma Inspiration cards」(靈感卡)：為靈性彩油的占卜卡。

- 「阿卡莎脈輪花精卡」：49 張美麗的花草圖卡，每一張有其對應的牌義與花精，亦可作為能量調整的工具。

09 附錄

心靈牌卡私房書

☆ 主題卡 ☆

☆ 「療心卡」：42 張圖卡，由國內周詠詩老師手繪設計，分為一半的滋養組及一半的陰影組，適合自我探索與心靈成長療癒。

☆ 「Archetype Cards」（原型卡）：80 張圖卡，英文版，以榮格對原型的詮釋為基礎，每一張卡片都代表不同的心靈角色，卡片上分別標明此角色的光明面與陰暗面。

☆ 「阿寶卡」：60 張圖卡，我比較喜歡說明書，描述作者帶領的工作坊過程。

☆ 「奧修禪塔羅」、「蛻變卡」：奧修系統的牌卡。

☆ 「白鷹醫藥祕輪卡」：有 56 張牌卡，是以圖騰、薩滿工具及神聖儀式物品為意象，貫穿印第安古老傳承與智慧的教導。

☆ 「光之藏」：有 81 張牌卡，結合了神諭、色彩、脈輪、塔羅、生命數字與易經卦象，圖案是不同的光，黑底那一面隱藏著文字的說明，是需要深入研究的牌卡。

☆ 「貓咪智慧卡」跟「狗狗智慧卡」，牌卡上有可愛的貓狗圖案及簡單的牌義。

◎ 國人自製研發的圖卡 ◎

◎ 「生涯卡」、「愛情卡」：由黃士鈞博士研發，為價值澄清卡。另有「解夢卡」、「熱情渴望卡」。

◎ 「百變情緒卡」：由高淑貞教授研發，以各式各樣的情緒為主題。

◎ 「圖卡媒材在遊戲治療上之應用」：為國內兒童遊戲與藝術治療團隊研發，其中包含使用手冊、圖卡及心情臉譜、能量包等。

◎ 「哇卡」：由林祺堂與黃錦敦兩位心理師所研發，以敘事治療為脈絡，是創造出新故事的問題思考卡片。另有「悟卡」。

◎「真愛魔法卡」：由王理書老師設計，針對親密關係的療癒卡。

◎「珍愛卡」：由陳盈君心理師設計、發呆綠繪圖，為 48 張有牌義的心靈圖卡。另有「熊讚卡」。

◎「心願卡」：由胡綺祐心理師設計，為 64 張以曼陀羅為題的投射 / 訊息指引卡。

◎「幸福卡」：由娜塔莎老師設計，為 100 張曼陀羅圖騰所組成的正念卡。

◎「夢想實踐卡」：由李宜芳等三位老師共同設計，內含夢想卡、風險阻礙卡跟實踐卡。

◎「真心話」：由蕭珺予老師設計，透過四組話卡來表達自己的真心話。

◎「紅花卡」：由李泓心理師設計，共有 90 張以攝影圖像構成的圖卡，可作為表達性藝術治療的萬用卡。

◎「我的任意門」：由江學瀅老師設計，共有 50 張的門卡跟 50 張的門裡門外卡，適合藝術治療活動使用。

chapter 10
開始你的玩法

心靈牌卡私房書

作　　者／周詠詩
攝　　影／陳重佑
編輯排版／王愷蘿

總 編 輯／賈俊國
副總編輯／蘇士尹
編　　輯／高懿萩
行銷企畫／張莉滎・蕭羽猜

發 行 人／何飛鵬
法律顧問／元禾法律事務所王子文律師
出　　版／布克文化出版事業部
台北市中山區民生東路二段 141 號 8 樓
電話：(02)2500-7008　傳真：(02)2502-7676
Email：sbooker.service@cite.com.tw
發　　行／英屬蓋曼群島商家庭傳媒股份有限公司城邦分公司
台北市中山區民生東路二段 141 號 2 樓
書虫客服服務專線：(02)2500-7718；2500-7719
24 小時傳真專線：(02)2500-1990；2500-1991
劃撥帳號：19863813；戶名：書虫股份有限公司
讀者服務信箱：service@readingclub.com.tw
香港發行所／城邦（香港）出版集團有限公司
香港灣仔駱克道 193 號東超商業中心 1 樓
電話：+852-2508-6231　　傳真：+852-2578-9337
Email：hkcite@biznetvigator.com
馬新發行所／城邦（馬新）出版集團 Cité (M) Sdn. Bhd.
41, Jalan Radin Anum, Bandar Baru Sri Petaling,
57000 Kuala Lumpur, Malaysia
電話：+603- 9057-8822　　傳真：+603- 9057-6622
Email：cite@cite.com.my
印　　刷／凱林彩印股份有限公司
初　　版／ 2022 年 3 月
售　　價／ 350 元
I S B N ／ 978-986-5568-14-6

城邦讀書花園　布克文化
www.cite.com.tw　WWW.SBOOKER.COM.TW